Vietnam

Vietnam

Ein Reiselesebuch

herausgegeben von Bernd Schiller

Ellert & Richter Verlag

Inhalt

Bernd Schiller
„Guten Morgen in Vietnam“

Old Erwin war ein kleiner, drahtiger, äußerst lebhafter Mann, fast sechzig Jahre alt. Eigentlich hieß er Vinh. Aber schon in der DDR, wo er gut zwanzig Jahre gelebt hatte, als Arbeiter und schließlich als graduierter Ingenieur, hatten sie ihn nur Erwin gerufen. So sollten auch wir ihn nennen, so sei er das von seinen deutschen Freunden gewöhnt. Er hatte vor dem Flughafen in Hanoi auf uns gewartet, an einem kühlen, regnerischen Wintertag, Mitte der 1990er Jahre. Es war unser erster Besuch in diesem Land, das wir bis dahin vor allem als ein Synonym für Krieg wahrgenommen hatten, für einen Krieg, der Südostasien, Amerika, Europa und auch uns über viele Jahre beschäftigt, berührt und verändert hatte. „Guten Morgen in Vietnam“, sagte Erwin damals zur Begrüßung, als wir nach langem Flug in die Sonne blinzelten. „Ich sehe, Sie sind gesund. Sie sehen müde aus, aber Ihre Augen leuchten. Sie sind neugierig, und deshalb müssen Sie sich jetzt auch nicht ausruhen. Verlieren wir also keine Zeit, es gibt viel zu tun.“

So war Erwin, der uns dann eine Woche lang durch den Norden begleitete: hektisch, fröhlich, optimistisch, den Blick immer nach vorn gerichtet. Und so war und ist dieses Land. Es lebt nach wie vor auf der Überholspur, es boomt, es verwandelt sich nahezu täglich. Vorgestern war es das Heer der Radfahrer, das sanft klingelnd die Straßen eroberte, gestern knatterten Mopeds und Motorräder durch Hanoi und noch viel mehr durch Saigon, das zwar offiziell Ho-Chi-Minh-Stadt heißt, aber bis vor ein paar Jahren gern „Honda City“ genannt wurde.

Zwar halten diese Zweiräder immer noch das Land in Bewegung, aber in den großen Städten verstopfen inzwischen Kleinwagen aus Japan, Malaysia und China die Straßen, rund um die Uhr. Sie haben fast überall die Cyclos verdrängt, die klassischen Fahrradtaxis des Fernen Ostens, und mit ihnen die alte Zeit. Nur im Herzen von Hanoi leben Vergangenheit und grelle Gegenwart nebeneinander, und auch die Zukunft hat längst begonnen.

Der alte Kern der Hauptstadt heißt noch immer Ba Muoi Sau Pho Phuong, „Stadt der sechsunddreißig Straßen und Zünfte“. In den Neunzigern, bei unserem ersten Durchstreifen der Handwerkergassen, töpferten, schneiderten, schmiedeten, werkelten und feilschten sie tatsächlich noch fast vor und in jedem Haus, die Grabsteinmetze, Juweliere, Nudelspezialisten und Fischhändler, die Korbmacher, Heiler und Apotheker: drei Dutzend Berufe insgesamt, seit 500 Jahren in Gilden organisiert. In viele dieser Häuser, die zu Beginn der französischen Kolonialzeit errichtet und in den letzten Jahren aufwendig und liebevoll restauriert wurden, sind Cafés eingezogen, Reisebüros, Galerien, Souvenirgeschäfte. Nur an den Straßennamen lässt sich noch ablesen, was dort einst gehandelt oder hergestellt wurde, die feinste Seide in der Hang Dao, die schönsten Bambuskörbe in der Hang Tre, die fettesten Hühner in der Hang Ga. Immerhin, vor den Häusern in der Hang Hom, der Gasse der Bestatter und Sargtischler, stapeln sich wie eh und je die Holzkisten für die Toten.

Wir waren seinerzeit, wie jeder Reisende an jedem Ziel, mit Bildern im Kopf angekommen, mit Klischees, denen wir schließlich auch begegneten: Bauern hinter dem Holzpflug, Wasserbüffel im Schlamm, Reisterrassen, tiefgrünes Dschungeldickicht, Pflanzen und Vögel, die wir in Büchern gesehen hatten und endlich riechen und hören wollten, Pagoden und Tempel voll fremdartiger Heiliger, Frauen, die den spitzen Strohhut und ihre weißen Gewänder voller Anmut trugen, Motive also aus einem fernen, sehr fremden Land, Szenen, die von der Üppigkeit und der Schwermut der Tropen erzählen.

Aber wir hatten im Gepäck auch die beklemmenden Erinnerungen an die 1960er und 1970er Jahre, als der Vietnamkrieg die Welt in Atem hielt. Wir brachten Namen mit, die uns auf die Seele drückten, Begriffe wie Agent Orange, der Ho-Chi-Minh-Pfad, das Massaker von My Lai, die Apokalypse: Siebeneinhalb Millionen Tonnen Sprengstoff hatten dieses Land verwüstet und geschändet, mehr als dreimal so viel, wie im Zweiten Weltkrieg über ganz Europa explodiert war.

Old Erwin wollte darüber nicht reden. Auch seine Meinung über die einheimische Politik, über die kommunistischen Kader, die nach wie vor das Alltagsgeschehen mitbestimmen – von der Baugenehmigung bis zur lautstarken Morgengymnastik junger Parteifreunde –, mochte unser liebenswerter Begleiter aus gutem Grund lieber für sich behalten. Über Fußball, Dynamo Dresden und Lokomotive Leipzig hingegen mochte er gern sprechen, noch lieber und länger über den Hamburger Sportverein, dem schon immer, auch „drüben“, seine ganze Sympathie gehört hatte. Und später, als wir mit jungen Leuten ins Gespräch kamen, für die „ihr“ Krieg ein historisches Ereignis war wie für uns vielleicht die europäischen Kriege des 19. Jahrhunderts, und noch später, als wir immer wieder nach Vietnam reisten und dabei auf so unglaublich viel Optimismus stießen, jedes Mal aufs Neue, auf fiebrige Aufbruchstimmung und lachende Fröhlichkeit, zugleich auch auf bittere Armut, da hatten wir es längst verstanden: Vietnam ist nicht mehr der Krieg, Vietnam ist das Land der Hoffnung.

Kann man sich schon nach kurzer Zeit in ein ganzes Land, ein ganzes Volk verlieben? Ist das sentimental, ist es blauäugig? Der fiktive Journalist Thomas Fowler (alias Graham Greene) war skeptisch nach Vietnam gekommen, hatte anfangs sogar die Tage gezählt, an denen sein Auftrag ihn hier festhalten würde. Aber dann lernte er das Land und seine Menschen kennen: „… das Gold der Reisfelder unter den schrägen Strahlen der sinkenden Sonne; die zierlichen Kräne mit Fischnetzen, die wie Moskitos über den Feldern schwebten; die Tassen Tee, die man auf der Terrasse eines greisen Abtes trank, wo sein Bett stand, wo Geschäftskalender hingen, wo sich Eimer und zerbrochenes Teegeschirr, kurz, das Gerümpel eines ganzen Lebens rings um seinen Stuhl angesammelt hatte … das junge Grün und die bunten Kleider im Süden, und im Norden die tiefbraunen Farbtöne und die schwarzen Gewänder …“

Auch wir haben unsere Zuneigung vertieft, von Mal zu Mal, von einer Reise zur nächsten. Wir sind zu Beginn unserer Liebe zu Vietnam mit dem „Wiedervereinigungsexpress“ von Hanoi nur bis Hue, in die alte Kaiserstadt gefahren. Schon diese Bahnfahrt, von der im ersten Kapitel berichtet wird, Szenen vor dem Abteilfenster, Begegnungen im Zug, haben uns nahezu süchtig gemacht nach diesem Land. Später haben wir das Eisenbahn-Abenteuer Vietnam fortgesetzt, wieder und wieder. An den uns wichtig erscheinenden Orten haben wir Station gemacht, am Wolkenpass, der das Wetter scheidet und den Norden vom Süden, in der alten Handelsmetropole Hoi An, die das Wunder vollbringt, den exotischen Zauber einer großen Vergangenheit mit dem Flair einer wuseligen Touristenhochburg zu verbinden. Wir sind zu den Marmorbergen aufgebrochen und haben die geheimnisvollen Türme des schon vor Jahrhunderten untergegangenen Cham-Reiches bestaunt. Nha Trang, der Lieblingstreff der Globetrotter, stand auf dem Fahr- und Reiseplan, und irgendwann tauchten die Wolkenkratzer von Saigon aus dem Dunst des tropischen Südens auf.

In den Jahren darauf sind wir mit Geländewagen auf schlammigen Pisten zu den Siedlungen der kleinen Bergvölker vorgedrungen. Sie nennen sich Rote Dao, Schwarze Hmong, Tai oder Tay, und sie unterscheiden sich äußerlich vor allem durch ihre zum Teil sehr farbenfrohen Trachten. Aber sie sprechen auch unterschiedliche Sprachen, gehören ganz unterschiedlichen Völkerfamilien an; die einen stammen aus China, andere aus Laos oder Thailand. Das Kapitel „Unterwegs im Bergland“ ist ihnen gewidmet.

Ein anderes Reiseabenteuer, auf den Spuren der französischen Schriftstellerin Marguerite Duras unterwegs im Mekong-Delta, haben wir „Die Suche nach dem Liebhaber“ überschrieben.

Wo aber sind wir letztlich der Seele Vietnams am nächsten gekommen? Im exotischen Trubel der Gassen von Hanoi ... in den abgelegenen Dörfern im nördlichen Bergland ... inmitten der wuseligen Wasserwelt des Deltas ... auf dem Bauernhof eines alten Mannes, der wenig hatte und uns doch mit Tee und seiner Geschichte verwöhnte und berührte ... oder in den stillen Tempeln und Klöstern, in denen Buddha, Konfuzius und die Götter des Dao in Harmonie miteinander auskommen? Schwer zu sagen. Der Spirit dieses Landes, das so ganz anders tickt als seine indochinesischen Nachbarn Laos und Kambodscha, ist eine Mixtur aus vielerlei Ingredienzien. Wer sich nur an die Strände legen, nur in den Bergen wandern, nur Hanoi und Hue besuchen will, wird wesentliche Düfte, Gerüche und vor allem ungeplante Begegnungen verpassen. Sie erst lassen ein Land wie dieses lebendig, zumindest in Ansätzen auch begreifbar werden. Sie erst machen Verständnis und Zuneigung möglich.

Die Auswahl der Texte in diesem Reiselesebuch soll, ähnlich wie unsere erste behutsame Annäherung auf dem Schienenweg, Vietnams Vielfalt zumindest annähernd spiegeln. Anspruch auf Vollständigkeit des bunten Mosaikbildes namens Vietnam kann nicht das Ziel dieses Buchs sein. Es ist kein Reiseführer. Wenn es aber zum Reiseverführer werden sollte, umso besser. Da mögen dann vor Ort auch Puzzleteile wie Hue oder Hoi An, Nha Trang oder Halong, die ohnehin zu jeder Rundreise gehören, ob professionell organisiert oder individuell gestaltet, genauer entdeckt werden.

Landschaften, ja sogar Kulturen, die sich anderswo auf viel größere Räume verteilen, wechseln sich in Vietnam auf einer Fläche ab, die etwas kleiner als Deutschland ist: nur ein Streifen Land am Südchinesischen Meer, eintausendsechshundertfünfzig Kilometer lang, von den hohen Bergen an der Grenze zu China bis ins flache Mekong-Delta im tiefen Süden gemessen, an der schmalsten Stelle gerade mal fünfzig Kilometer breit.

Saigon, Endstation Sehnsucht? Nirgendwo wird der süße Reiz der neuen Zeit so intensiv ausgelebt wie hier. Ist das noch Sozialismus, diese Lautstärke, dieser Luxus, diese pralle Lebensfreude in den Bars, Coffeeshops und Diskotheken? Benno Kroll, ehemaliger „Stern“-Reporter, hat sich in seinem Porträt der Achtmillionenmetropole (oder sind es inzwischen gar zehn Millionen Einwohner?) nicht von der Scheinwelt und der Neonfassade blenden lassen. Er hat in die Welt der „Illegalen“ und in die Hinterhöfe von Cholon geschaut, im noch immer spektakulären Chinesenviertel.

Auch der vielfach ausgezeichnete Reporter Alexander Smoltczyk kapituliert in seinem Hanoi-Bericht nicht vor den Widersprüchlichkeiten der Hauptstadt. Alles, so hat er es erlebt und so empfinden es wohl auch die meisten Touristen, alles rollt, fährt, schiebt, läuft, alles geht, und alles geht gleichzeitig in dieser Stadt. Hanoi sucht den Anschluss an die globalisierte Welt, etwas später als Saigon, aber es will dabei, anders als die ungeliebte Schwester im Süden, seine Seele nicht verkaufen: nicht im Literaturtempel mit seiner tausend Jahre alten Universität, nicht in den Tempeln auf der Insel im Hoan-Kiem-See, nicht an den Gedenkstätten für Ho Chi Minh, den Revolutionsführer, den sich vor vierzig Jahren die Jugend in weiten Teilen der Welt zum Vorbild genommen hatte, nicht in den renovierten Villen des ehemaligen Kolonialviertels, zu dem die Oper gehört.

Der Charme des alten Asiens, vor allem Franzosen, die Indochina wie keine ihrer anderen Kolonien liebten, haben ihn wieder wachgeküsst, in Hanoi so nostalgisch und geradezu prächtig wie auch im Kurort Dalat, in den Bergen der ehemaligen Zentralprovinz Annam. Hier wie dort stehen bestens gepflegte Citroën-Limousinen aus der Vor-Weltkriegszeit vor den Portalen nobler Herbergen einer vergangenen Ära, werden am Straßenrand Baguettebrote verkauft und Croissants in stilvoll möblierten Cafés zum Milchkaffee serviert: „Bonjour Dalat" ist der Abstecher in die koloniale Vergangenheit, eine Zeitreise in eine Epoche, die von Nostalgiereisenden verklärt und von den smarten Vietnamesen der neuen Zeit nur zu gern als idealer Rahmen für ihre Flitterwochen gebucht wird.

Noch weiter zurück führt der Beitrag eines Gentleman-Reisenden, dessen Bücher einst Bestseller waren. Otto E. Ehlers war Gast „An indischen Fürstenhöfen", „Im Osten Asiens" und auf „Samoa, Perle der Südsee". So hießen seine Bücher, in denen er staunende Zeitgenossen mit seinen anschaulichen Berichten mitnahm in eine damals weithin unbekannte Welt. Zum Beispiel auf seinem Ritt nach Hanoi, ins „Europäerviertel", wie die abgeschirmte Welt der Weißen in jenen Gegenden seinerzeit genannt wurde.

Auch Georg Wegener, Geograf und Ökonom, war gut zwanzig Jahre nach Ehlers einer, der genau hinschaute, der ein Naturwunder noch schwärmerisch beschreiben konnte, weil er ein Déjà-vu-Erlebnis seiner Leser kaum fürchten musste. Nichts hat seine

Schilderung an Aktualität eingebüßt, wenn man mit ihm zur Halong-Bucht reist, die weltberühmte Drachenbucht mit ihren magischen Felsen, die den Titel dieses Buches schmücken. Freude am Staunen, sinnenfrohe Begeisterung sprechen aus diesen historischen Reiseberichten, so wie bis heute viele Vietnamreisende die kulinarischen Wunderwelten dieses Landes erleben.

Die vietnamesische Küche gehört zu den besten und gesündesten Asiens. Sie ist chinesisch beeinflusst, französisch inspiriert und sehr unterschiedlich in den Regionen zwischen Nord und Süd. Einzig Pho, die deftige Nudelsuppe, die überall in den Garküchen am Straßenrand angeboten wird, kann als Nationalgericht bezeichnet werden, mal mit Hühnchen, mal mit Rindfleisch angereichert. Und was den Nordvietnamesen ihre Garnelensoße Mam Tom, ist den Südvietnamesen mit noch größerer Leidenschaft Nuoc Mam, die viel gerühmte und wegen ihres intensiven Geruchs auch berüchtigte Fischsoße.

Von der bunten Vielfalt schwimmender und anderer Märkte im Mekong-Delta erzählt die Food- und Radio-Journalistin Alice Blohmann liebevoll und anschaulich. Mit dem Boot lässt sie sich durch das Gewirr am „Fluss der Neun Drachen" treiben. So nennen die Vietnamesen die Mutter aller Flüsse, der sich in ihrem Land vielarmig ins Südchinesische Meer ergießt.

Das Mekong-Delta: eine schwermütig-tropische Region, in der es nur eine „einzige heiße, eintönige Jahreszeit" gibt (Marguerite Duras). Dort, in den Städten des Südens, hat die merkwürdig anmutende Cao-Dai-Religion ihre meisten Anhänger, zwei oder drei Millionen mindestens, keiner weiß es genau. Sie wurde 1926 von Ngo Van Chieu gegründet, einem zwielichtigen Lebemann, der sich angeblich zum Asketen gewandelt hatte. Weithin leuchten heute ihre bunten Kirchtürme aus dem Grün und Braun der Felder. Es mag auf Erstbesucher bizarr wirken, wenn die Würdenträger in ihren grellen Roben in die Gotteshäuser einziehen, Priesterschüler, Bischöfe, der Zensor-Kardinal und womöglich sogar der Papst dieser Religion. Ihr Lehrgebäude schillert so bunt wie ihre Gotteshäuser. Mosaiksteine aus den Lehren und Erkenntnissen von Buddha, Konfuzius, Laotse und Jesus, von Isaac Newton, Victor Hugo und Shakespeare sollen sich zu einem Bild der Weisheit fügen: Meditation, Nächstenliebe, Selbstlosigkeit kommen darin vor, aber auch Exorzismus und weihrauchgeschwängerte Botschaften des sogenannten Höchsten Wesens, eingefangen vom Strahlenbündel eines Allsehenden Auges.

Graham Greene lässt seinen Thomas Fowler kritisch zuschauen beim okkulten Treiben der exotischen Seelenfänger, die im Vorfeld der Vietnamkriege auch eine fragwürdige politische und militärische Rolle gespielt haben. Der „Heilige Stuhl“ in Tay Ninh (im „Stillen Amerikaner“ schreibt Greene diesen Ort „Tanyin“) gehört heute zu den beliebtesten Ausflugszielen von Saigon aus, fast so spektakulär wie die Tunnel von Cu Chi, die auch zum Standardprogramm der meisten Vietnam-Reisenden gehören. Dort sind die Reste des unterirdischen Systems zu besichtigen, mit dem der Vietcong die USA, die gewaltigste Militärmacht aller Zeiten, buchstäblich untergraben hat. Ein Teilstück, etwa achtzig Meter lang, wurde auf einhundertzwanzig Zentimeter Höhe und achtzig Zentimeter Breite vergrößert, damit auch beleibte und hochgewachsene Touristen sich einen Eindruck vom Leben und Überleben der Untergrundkämpfer machen können; bedrückend bleibt der Kriechgang allemal. Allein der Blick ins Hospital, vier Meter unter dem grünen Rasen, genügt, um sprach- und atemlos ans Tageslicht zurückzukehren. Mit dem Strom von Fahrraddynamos wurde dort unten über Jahre operiert und amputiert.

Der deutsche Kriegsberichterstatter Winfried Scharlau, später Asienkorrespondent der ARD und langjähriger Leiter der Sendung „Weltspiegel", hat damals aus einem Hubschrauber zugeschaut, wie hilflos und wütend die Amerikaner auf den Kampf aus dem Untergrund reagierten: „Wir überflogen eine free kill area, in der alles niedergeschossen wurde, was sich bewegte." Scharlau war Zeuge jener Offensive, die für die Amerikaner vor allem eine nachhaltige Propaganda-Niederlage bedeutete. Es war Ende Januar, Anfang Februar 1968, als mit dem Angriff am Neujahrsfest, auf Vietnamesisch „Tet", die amerikanischen Soldaten überrascht und die Menschen daheim geschockt wurden. Scharlau schildert, wie verblüfft er selbst und die Bewohner Saigons, das bis dahin den Krieg noch gar nicht erlebt hatte, auf die massive Offensive reagierten.

Von Neujahr, bis heute das wichtigste Fest im Land, und seinen Traditionen erzählt auch, unter gänzlich anderen Umständen, die vietnamesische Schriftstellerin Duong Thu Huong. Unser Textauszug aus ihrem Buch „Liebesgeschichte vor der Morgendämmerung erzählt" beschreibt die Aussichtslosigkeit im Kampf des Individuums gegen den Machtanspruch einer totalitär ausgerichteten Partei.

Auch Tiziano Terzani, der Indochina noch vor den gewaltigen Umwälzungen gesehen hat und später in seinen Reportagen, vor allem für den „Spiegel", das Geschehen über die Tagesaktualität hinaus einzuordnen verstand, beschäftigt sich mit den bitteren Enttäuschungen der ersten Nachkriegsjahre: Von den brutalen Methoden der „Umerziehung" berichtet er, von der Niederlage der Kommunisten bei dem Versuch, die Menschen im Süden für sich zu gewinnen: „Sogar die Toten wurden betrogen."

Das war 1985, zehn Jahre nach dem schmählichen Abzug der Amerikaner. Noch immer mag es Missverständnisse und sogar gegenseitige Abneigungen geben zwischen dem Norden, der sich als Sieger und Befreier gefühlt hat und über viele Jahre auch so aufgetreten ist, und dem Süden, von dem der Wunsch nach Wohlstand und einem liberaleren Lebensstil ausging. Aber auch zwischen Hanoi und Saigon wächst zusammen, was zusammen gehört.

The Dung, ein vietnamesischer Dichter in Berlin, hat die Maxime für Vietnam auf den Punkt gebracht: „Leben heißt immer neues Entstehen, unaufhörlich, allen Schmerzen zum Trotz." Nicht zuletzt der Tourismus, sogar die Verwandlung bis vor kurzem nahezu unberührter Strände in womöglich schon jetzt allzu viel geliebte Badeziele, trägt zu einer Entwicklung bei, die wie so viele andere Bereiche Vietnams auf die Zukunft ausgerichtet ist. Lesen Sie deshalb das letzte Kapitel als einen Text, der den Traum der Reisenden wie den der Einheimischen aufnimmt: unter Palmen auf eine prosperierende Zukunft hoffen, die dabei jedoch Platz lässt für den Mythos des alten Asiens.

Bernd Schiller

Zügig in die Zukunft

Noch drei Stunden bis zur Abfahrt des Nachtexpress nach Süden. Die Hauptstadt Hanoi brodelt wie an jedem Abend. Tausende schieben sich nach der Arbeit durch die Gassen, weichen geschickt den schier endlosen Kolonnen der Mopeds, Motorräder und immer häufiger auch Autos aus. Walker und Jogger drehen vor dem Mausoleum von Ho Chi Minh ihre Runden, Tai-Chi-Aktivisten nutzen die seidenweiche Luft des späten Nachmittags für ihre Übungen. Szenen wie aus alten Asienfilmen flimmern durch die kurze Dämmerung: Da drängen sich die letzten Fahrradrikschas durchs Gewimmel, am Lenker schmächtige Männer mit zerfurchtem Gesicht. Da schlängeln sich Lastenträger federnden Schrittes durch den Verkehr, balancieren auf jeweils einer Schulter die schweren Körbe an Bambusstangen. Viele dieser Tagelöhner tragen olivfarbene Tropenhelme, die jüngeren Radlerinnen hingegen haben spitze Strohhüte auf dem Kopf, wie sie durch die Bilder aus dem Reisfeld in aller Welt zum Symbol der Vietnamesen geworden sind.

Die Menschen bleiben oft dicht gedrängt vor den Läden und Betrieben stehen, in der Gasse der Steinmetze zum Beispiel, wo Witwen und andere Angehörige die kunstvolle Anfertigung von Grabplatten für ihre Verstorbenen überwachen. Oder vor den Auslagen der überraschend zahlreichen Juweliere, vor den Garküchen und Trödelläden. Es sieht auf den ersten Blick lebensgefährlich aus, in den großen Städten dieses Landes eine Straße zu überqueren; schon nach zwei, drei Tagen wird es zur sportlichen Herausforderung. Auch auf den Fußwegen geht es nur langsam voran, aber, so widersprüchlich das klingen mag, es ist ein entspanntes Geschiebe und Gewusel. Man weicht sich wie auf der viel befahrenen Straßenkreuzung aus: lächelnd, tänzelnd, geradezu rhythmisch.

Kurz vor acht Uhr, seit gut zwei Stunden ist es dunkel. Ruckelnd setzt sich der „Wiedervereinigungsexpress“ in Bewegung. Vier- bis fünfmal am Tag verbindet dieser Zug die alte Metropole der Kultur und der Politik mit der neuen Hauptstadt des Fortschritts und der Wirtschaft. Zwischen dreißig und vierzig Stunden ist der Zug von Hanoi nach Saigon unterwegs – eine ideale Möglichkeit, den ersten Blick auf die unterschiedlichen Landschaften zwischen Nord und Süd zu werfen und sich zwischendurch für ein paar Tage die Höhepunkte am Schienenstrang anzuschauen, sich Zeit zu nehmen für die alte Kaiserstadt Hue, später für die Touristenhochburg Nha Trang oder die Strände bei Phan Thiet. Von dort, vom Bahnhof Muong Man, sind es noch vier Stunden bis Saigon. Wir aber haben uns zunächst für den halben Weg entschieden, für die Etappe bis Hue: etwa fünfzehn Stunden, in denen wir so unterschiedlichen Menschen begegnen, wie dies wohl nur auf längeren Bahnreisen möglich ist. Die Pritschen im Viererabteil des Schlafwagens sind frisch bezogen. Über unseren Köpfen haben sich zwei Franzosen eingerichtet, ihre Rucksäcke als Kopfkissen quer gelegt. Eine Flasche Merlot und bald darauf eine weitere machen die Runde, den Wein haben die beiden Männer mitgebracht. Wir kommen schnell ins Gespräch. Christian, gerade vierzig geworden, ist Pizzabäcker, Jean, Ende fünfzig, war Bankkaufmann und wurde in den Vorruhestand gedrängt. Beide sind frisch geschieden, haben in Paris alle Leinen gekappt und wollen hier, wo der Aufbruch allerorten und besonders an der langen Küste greifbar ist, ein neues Leben anfangen, vielleicht eine Pizzeria in Nha Trang eröffnen oder auch eine Autovermietung in Saigon – man wird sehen.

Vietnam ist noch immer ein Land für Pioniere, für Neuanfänger, für Leute, die mehr Wagemut als Geld mitbringen. Die Goldgräberstimmung der 1990er Jahre ist zwar vorbei, aber Entwicklungshelfer, die Residenten der ausländischen Banken und die neue Klasse der einheimischen Unternehmer sehen nach wie vor großes Potenzial für Vietnamesen und für Leute wie Christian und Jean. Die Mittelschicht wächst, das positive Denken, das diesem Land und seinen Menschen innewohnt, steckt an.

Der Zug keucht durch die Vororte von Hanoi. Viel ist draußen nicht mehr zu sehen, hier und da ein paar flackernde Lichter, rote Laternen an den Schranken. Der Schaffner wirft fröhlich lachend ein paar Wolldecken ins Abteil. Wir werden sie brauchen: der Ventilator bläst die ganze Nacht hindurch eiskalte Luft von der Decke, er lässt sich nicht regulieren, nur abschalten; aber dann füllt sich der enge Raum sofort mit stickig-heißer Luft.

Die Bilder der letzten Tage drängen sich vors Auge. Da war die Wunderwelt der Halong-Bucht, die auch durch noch so viele Dschunken und Touristenboote nichts von ihrem Zauber einbüßt. Da waren die Pferdewagen und Büffelgespanne auf den staubigen Nebenstraßen und der dichte Verkehr mit den Lastwagenkonvois auf dem Weg zum Containerhafen Haiphong. Da waren die friedlich-stillen Szenen in der trockenen Halong-Bucht mit ihren Kalksteinfelsen und Karstkegeln, die aus den Reisfeldern ragen. Und da war der Besuch bei der Bauernfamilie im fruchtbaren Schwemmland des Roten Flusses, der Vorratskammer des Nordens.

Duong Dinh Dang lebt mit seinen fünf Kindern in Kim Son. Dort baut er Reis an und Mais, hält auch ein paar Schweine und Hühner. Mit Grünem Tee und einem Lächeln werden wir begrüßt, in einem karg möblierten Raum, wo das Schweinefutter auf einem offenen Feuer neben den Matratzen köchelt. Der Fernseher, ein altes Modell aus der DDR, mitgebracht von einem Nachbarn, der ein paar Jahre in Dresden gearbeitet hat, ist längst kaputt; für die Reparatur fehlt das Geld. Seit Duongs Frau tot ist, schafft der alte Mann kaum die Arbeit im Haus und auf dem Feld. Alle Kinder, auch der achtjährige Enkel, müssen hier mithelfen.

Um kurz nach sieben wird es lebhaft im Waggon, der Zug steht irgendwo im Provinzbahnhof von Dong Hoi. Draußen versucht eine fahle Sonne, die dunstige Wolkendecke zu durchbrechen, die das Land wie eine rissige Folie bedeckt. Zeit für die Morgentoilette: Katzenwäsche an einem schmuddeligen Becken, Zähneputzen mit Mineralwasser, das offensichtlich alle mitgebracht haben. Ein Junge schiebt einen Trolley durch den Gang. Er verkauft starken, schwarzen Kaffee für kleines Geld. Pappige Brötchen werden gratis verteilt, auch trockene Tofubällchen.

Dong Hoi muss man nicht gesehen haben. Im Geografiebuch der vietnamesischen Schulkinder aber kommt es allemal vor: Dong Hoi liegt nämlich an der engsten Stelle des Landes. Hier schnürt es sich zur Wespentaille ein, kaum fünfzig Kilometer sind die Berge von Laos im Westen von den noch unberührten Stränden im Osten der Stadt entfernt. Heftig hat der Ort im Krieg gelitten, von einer alten Festung ist ein einziges Tor übrig geblieben, vom Kolonialviertel der Franzosen so gut wie nichts, nur der Ruinenstumpf einer Kirche ragt aus einer öden Neubaugegend.

Ein paar Abteile von uns entfernt, im selben Waggon, sitzt Vo Quy, ein würdig wirkender, weißhaariger Herr. Er freut sich, dass wir das Gespräch mit ihm suchen. Man nenne ihn den Vater der vietnamesischen Umweltbewegung, erzählt er mit schüchternem Stolz. Und dann zieht er einen Artikel aus dem amerikanischen Time Magazine aus der Tasche. Dort haben sie ihn im Dezember 2008 zu den fünfunddreißig Helden der weltweiten grünen Bewegung gezählt. Jahrelang waren es die Äcker und Felder, Wälder und Berge, die unter Agent Orange litten. Jetzt prangert Vo Quy, mit über achtzig kein bisschen ruhig geworden, die Verschmutzungen an, die das ungezügelte Wirtschaftswunder anrichtet, er geißelt den illegalen Holzhandel und die Versteppung der einstigen Wälder.

Die Umwelt wird in Vietnam zwar nicht so gnadenlos zerstört wie in China, Gegner des kommunistischen Regimes werden nicht so offen und nicht so brutal bekämpft wie beim ungeliebten großen Bruder im Norden. Und doch werden auch hier von Zeit zu Zeit Menschenrechtsanwälte, Anhänger demokratischer (verbotener) Parteien, kritische Künstler und andere Dissidenten zu langen Haftstrafen verurteilt. Diese Prozesse finden in Frankreich ein weitaus größeres Echo als in Deutschland. Auch von der Gängelung der christlichen Kirchen, vor allem der Katholiken, denen man ihre Treue zu Südvietnam während des Krieges bis heute nicht verziehen hat, erfahren nur sehr aufmerksame Beobachter. Die ausländischen Geschäftsleute vor Ort sind froh, dass ihnen immer weniger bürokratische Hürden in den Weg gestellt werden, die meisten Touristen werden es wohl als ebenso selbstverständlich wie angenehm empfinden, dass sie sich ungehindert bewegen können und dass keine Dramen von der Dimension Tibets oder des Aufstands der Uiguren ihr Gewissen beschweren.

Kurzbesuch in der Dritten Klasse. Es riecht streng, ein geradezu explosives Duftgemisch hängt im voll besetzten Waggon: Knoblauch, Schweißfüße, volle Windeln. Es sind ein paar zahnlose Alte und viele junge Familien, die hier für kleines Geld reisen; einige hocken auf den Sitzbänken, die Beine angezogen, andere haben sich kreuz und quer zum Schlafen gebettet, sogar in den Gängen. Und noch mehr dieser Passagiere essen, spielen Karten, hören Musik aus dem Walkman. Ein

Mädchen versucht, ihre Englischbrocken bei uns anzubringen. Neunzehn sei sie, so hören wir, und die Eltern, der Vater Bauarbeiter in Hanoi, die Mutter Köchin, hätten sich nicht leicht getan, ihr die Reise zu erlauben. Die Traditionen bestimmen noch immer weitgehend die Regeln, auch bei den meisten Großstadt-Jugendlichen. Drei Viertel aller Vietnamesen sind unter dreißig. So jung ist keine andere Nation in Asien; von Riten und der Familie behütet und beschützt ist diese Jugend bis sie heiratet und vielfach auch darüber hinaus.

Weiter rollt der Zug nach Süden, vorbei an Bambushütten, Wasserbüffeln und Reisfeldern, über Brücken, die aussehen, als seien sie gestern erst notdürftig zusammengeflickt worden. Tatsächlich mussten über eintausenddreihundert Brücken, siebenundzwanzig Tunnel, einhundertachtundfünfzig Bahnhöfe und eintausenddreihundertsiebzig Weichen repariert werden, bevor am letzten Tag des Jahres 1976 zum ersten Mal ein „Wiedervereinigungsexpress“ auf die lange Reise von Hanoi nach Saigon im Süden ging, eintausendfünfhundert Kilometer in etwa fünfundvierzig Stunden. Und noch immer prägen Bombentrichter das Landschaftsbild über weite Strecken.

Wir besuchen Elisa und Erica im Waggon nebenan, zweite Klasse. Die beiden italienischen Studentinnen auf Weltreise, denen wir vor ein paar Tagen in der Halong-Bucht schon einmal begegnet waren, haben knapp dreißig Euro für die Fahrt nach Hue bezahlt. Sie haben im Sitzen nicht schlechter geschlafen als wir auf unseren harten „Betten“, die das Doppelte gekostet haben. Zwei Waggons weiter, in der „Holzklasse“, lassen sich einheimische Reisende am frühen Morgen kaltes Huhn, Berge von Reis und frisches Obst schmecken, das sie vorhin auf dem Bahnhof von Händlern gekauft haben. Und im letzten Waggon, der wiederum zur Ersten Klasse gehört, nippt eine Dame an ihrem Grünen Tee, die sich uns als Minh Hanh vorstellt, Modeschöpferin aus Saigon.

Die attraktive Frau pendelt das ganze Jahr über zwischen Vietnam und Europa hin und her, eröffnet eine Filiale in Paris, führt Verhandlungen in New York, schaut sich eine aufregende Modenschau in Tokio an. Ihre Kunden, ihre Fans, wohnen in Deutschland, Spanien oder in Schweden. Weil sie oft fliegen muss, das aber nicht gern tut, ist sie in ihrer Heimat umso lieber mit dem Zug unterwegs. Für Minh Hanh ist der Ao Dai, das traditionelle und so wunderbar feminine Hosenkleid der Vietnamesinnen, „ein überkommenes Glück". Immer wieder verändert sie es behutsam, sucht und findet neue Ausdrucksformen, ohne die schmeichelnde Eleganz wirklich zu verändern. Sie hat in den letzten Tagen Seide eingekauft in Hanoi, hat dort Galerien besucht und Konzerte. Sie lebt zwar, wie sie sagt, nicht ungern im hektischen Saigon, wo ihr Mann als landesweit bekannter Fernsehjournalist arbeitet, wo sie beide, als Mitglieder des neuen, gehobenen Mittelstands gut vernetzt sind. Aber sie freut sich immer wieder, drei bis vier Mal im Jahr, auf die kreative und für sie so inspirierende Atmosphäre der Hauptstadt.

Es ist ruhiger geworden im Zug, das „Klicke-di-Klack" macht müde. Thong Nhat, wie unser Express in der Landessprache heißt, überquert im Schritttempo einen breiten Fluss. Der lehmige Boden an beiden Ufern ist braungelb, hier ist der Reis bereits abgeerntet. Etwas weiter südlich stapfen die Bauern schon wieder mit ihren Holzpflügen hinter den Büffeln durchs schlammige Feld, und eine halbe Stunde später schauen wir zu, wie Frauen, tief gebückt, die neuen Reissetzlinge in den Boden drücken: drei Saisonzeiten an einem Vormittag.

Wir rollen jetzt durch die frühere entmilitarisierte Zone am berühmt gewordenen 17. Breitengrad. Palmen und das glitzernde Grün der Reisfelder lassen nicht mehr erkennen, dass sich ein paar Kilometer nördlich eine der meistgeschundenen Regionen im

Vietnamkrieg ausbreitete. Tagtäglich, rund um die Uhr und über Monate überzogen B-52-Bomber die Bauerndörfer und ihre Pflanz- und Weidegründe mit Bombenteppichen. Die Menschen flüchteten in Tunnel und Bunker, in Höhlen, die zwei Quadratmeter für eine Familie vorsahen. Dort wurden bei Kerzenlicht Kinder geboren, unterrichtet und Jugendliche an veralteten Waffen ausgebildet.

Gegen Mittag wird im Zug Essen verteilt: Reis im Styroporbehälter, lauwarm, Gemüse, Hühnerfleisch, ein paar Fasern vom Rind. Der Lunch kostet nichts, wird aber nur in der „feinen Klasse" ausgegeben, wie Nguyen, der Oberschaffner, die Schlaf- und Firstclassabteile nennt. Er stammt aus Hue, unserem Etappenziel. Drei Tage wollen wir in der alten Kaiserstadt bleiben, deshalb freuen wir uns über Nguyens Anregungen. Mit dem Cyclo, dem Fahrradtaxi, sollen wir uns unbedingt zum Markt auf der anderen Seite des Flusses fahren lassen. Alle Farben, Gerüche und Geräusche dieses Landes würden wir dort finden. Und zur Thien-Mu-Pagode, der schönsten in Hue, müssten wir ganz früh mit einem kleinen Boot fahren, bevor die Reisegruppen in großer Zahl kommen. Von einer gewaltigen Glocke im Tempelbezirk, deren Klang über zehn Kilometer trägt, könnten wir den Fluss entlang bis zu den Bergen im benachbarten Laos schauen.

Nguyen setzt seine Dienstmütze auf, der Zug verringert quietschend die Geschwindigkeit. Große Reklametafeln wachsen draußen aus dem tropischen Dschungelgrün, Sony, Siemens und Toyota künden die rasch wachsende Halbmillionenstadt am „Fluss der Wohlgerüche" an. Wohnsilos verdrängen die Hütten, die Radler verdichten sich zu Pulks, an den Schranken stauen sich Fahrzeuge aller Art. Noch ein paar hundert Meter rollen wir an Pagoden und Palmen vorbei. Dann stoppt der „Wiedervereinigungsexpress" im Bahnhof von Hue, fünfzehn Stunden, zwanzig Minuten nach der Abfahrt in Hanoi.

Benno Kroll
Saigon – Der süße Reiz der neuen Zeit

Einst trug die Flaniermeile Saigons den Namen Rue Catinat. Und Saigon, bis 1954 Kapitale der französischen Kolonie Cochinchina, war das „Paris des Ostens". Heute heißt die Straße, die von der doppeltürmigen Kirche Notre-Dame zum Saigon River führt, Duong Dong Khoi (Straße der Volkserhebung). Und Saigon, seit 1975 kommunistisch regiert, ist Ho Chi Minh City. Doch obwohl Vietnam einst von einem langen, schmutzigen Krieg verheert wurde und obgleich die Rue Catinat dieses Krieges schamloseste Etappe war („die Hure Vietnams", höhnten die GIs), ist sie doch wieder der „Petit Boulevard", den die Belle Epoque schuf. Unter seinen immergrünen Tamarinden defiliert jedes Wochenende ein motorisierter Zweiradkorso, der nicht abreißt, an den Emporen des kolonialen Jugendstils vorbei: Väter im gebügelten Hemd am Lenker, junge Mütter mit Plateausandalen auf dem Rücksitz, dazwischen ein bis drei gewaschene Kinder.

In den letzten Jahren der französischen Herrschaft lebte der englische Schriftsteller Graham Greene an dieser Straße, genauer: Er logierte im noblen Hotel Continental. Dort schrieb er an seinem Roman „Der stille Amerikaner", dessen weibliche Protagonistin die junge Vietnamesin Phuong ist: „zart und zerbrechlich wie ein Vogel". In der Rue Catinat knallte es damals oft, es „konnte vom Auspuff eines Autos oder von einer Handgranate herrühren", so steht es bei Greene.

Doch der Romanheld Fowler, wie sein Schöpfer ein fünfzigjähriger Brite, war an das lebenslustige Saigon verloren. Er mochte „den Anblick der seidenbehosten Gestalten nicht entbehren, die sich graziös durch die feuchte Mittagshitze bewegen". Solcher Hörigkeit erliegt manch Europäer auch heute: Es gibt Reisende, die sich auf den ersten Blick in das heiße, stinkende, anarchische Saigon verlieben, und sie wissen nicht, warum. Greenes „Gestalten" waren lange Jahre aus dem Straßenbild verschwunden. Heute sind sie wieder da: anmutige Mädchen im Ao Dai. Das auf die Taille genähte, geschlitzte Negligé über der knöchellangen Seidenhose (sicherlich der züchtigste Ausdruck von Erotik, den die Welt kennt) galt den Kommunisten bis spät in die 1980er Jahre als politisch unkorrekt. Abgetragene, ausgebeulte Khakiuniformen waren die von der Partei gebilligte Mode. Dann jedoch, als Vietnam sich dem Ausland öffnete, eroberte das luftige Habit den heißen Süden zurück. Heute ist der Ao Dai so selbstverständlich wie einst: auf Hochzeiten, bei Begräbnissen, an den Schreibtischen im Büro oder – bestickt mit bunten Perlen – in den teuren, eleganten Modelädchen an der Duong Dong Khoi.

Veteranen der französischen Kolonialarmee, die als Touristen kommen (drahtige Greise mit dem Ordensband der Ehrenlegion im Knopfloch), befällt die Mienenstarre des Déjà-vu, wenn sie sich auf dem lauschigen Boulevard, der einst der ihre war, nach Miss Saigon umdrehen. Kein kolonialer Verlust schmerzt die Ruheständler der Grande Nation so augenfällig wie der dieser südostasiatischen Hafenstadt, die Frankreich Identität und Gepräge verdankt. Denn als die Franzosen Saigon annektierten, im Jahre 1859, war es wenig mehr als ein Fort und ein in der Sonne schmachtender Handelsplatz.

Die vietnamesischen Kommunisten aber waren klüger und wohl auch humaner als der deutsche Stalinist Walter Ulbricht, der das Berliner Schloss sprengen ließ. Sie zerstörten nicht die baulichen Relikte einer Obrigkeit, die sie so verlustreich bekämpft und 1954 schließlich besiegt hatten. Sie restaurierten die Wahrzeichen der Kolonialmacht in leuchtendem Kaisergelb: die klassizistische Oper, das neugotische Rathaus und – neben zahlreichen anderen Prachtbauten – die 1891 im Jugendstil erbaute französische Post, der Gustave Eiffel, Erbauer des nach ihm benannten Turms in Paris, ein Dach aus Glas und Eisen aufsetzte.

Die Bürger Saigons lassen keine Ressentiments erkennen, wenn sie ihren ehemaligen Kolonialherren entgegentreten, sei es als Kofferträger, Kaufleute oder Grenzpolizisten. Ohnehin haben nur die über Sechzigjährigen eine Erinnerung an die Kolonialzeit, und nur wer älter als dreißig ist, hat den Vietnamkrieg erlebt, der in der „Saigon Times" „Amerikanischer Krieg" heißt. Stärker als geschichtliche Feindbilder und die Feierabendprosa ehemaliger Partisanen sind der Lebenswille der Jüngeren und ihr glühendes Glücksverlangen, das in der Sechs- oder (präzise Zahlen gibt es nicht) Achtmillionenstadt für Aufbruchstimmung sorgt.

Heute ist Saigon das Elysium der Nation. Keine andere vietnamesische Stadt bietet ihren Bürgern so viele Chancen: Hier sind die Löhne dreimal so hoch wie im nationalen Durchschnitt. Die Länder der Ersten Welt, unter ihnen alle ehemaligen Kriegsgegner (Franzosen, Japaner, Amerikaner), haben in Saigon und seinen benachbarten Regionen investiert – seit den späten 1990er Jahren viele Milliarden US-Dollar. In jüngster Zeit konnte der Saigon-Tourismus mehr als zehn Prozent Zuwachs verbuchen. Mit sieben Prozent Wirtschaftswachstum hat sich das kriegszerstörte Vietnam, hinter China, an die Spitze aller Länder Asiens gesetzt. Der Motor des Aufschwungs aber ist diese rastlos wirkende, wuselnde Ameisenstadt, die den Schwemmlandboden am Mekong-Delta aufwühlt.

Rund um die großstädtisch intime Duong Dong Khoi streben die Neubaupläne mittlerweile über das dreiunddreißigste Stockwerk hinaus, das der Skyline eben noch den Gipfel zeichnet. Und wenn gegen achtzehn Uhr die frühe äquatoriale Nacht anbricht, wird Saigon wie sein Pariser Vorbild zur „Stadt des Lichts". An den Anlegeplanken des Saigon River warten über die Toppen illuminierte Musikdampfer auf ihre ausländischen Gäste. Am jenseitigen Ufer erglühen haushoch aufgebockte Neon-Reklamen zum Lichtfanal der Globalisierung – am hellsten der Stern von Daimler-Benz.

Noch gibt es Armut in Saigon. Noch fühlen Ausländer sich in der Dong Khoi oder auf den Treppen buddhistischer Pagoden und chinesischer Tempel am Ärmel festgehalten. Doch wer das Herz hat, einem Bettler in die Augen zu sehen, erblickt auch in ihnen den Widerschein der Hoffnung. Saigon, immer noch ein Ort der Dritten Welt, ist von Optimismus beschwingt wie wohl keine andere tropische Stadt vergleichbarer Entwicklungsstufe.

Etwa ein Drittel der Bevölkerung lebt „illegal" in der Stadt, ohne Wohnrecht. Das sind Offiziere, Beamte, Profiteure, ehemalige Kollaborateure des amerikahörigen südvietnamesischen Regimes. Sie wurden mit ihren Familien nach dem kommunistischen Sieg in Umerziehungslager verbannt und sind irgendwann zurückgekehrt. Man duldet sie, verweigert ihnen aber die Gewerbelizenz. Doch die Stadt ist mit unerlaubten Straßenmärkten übersät. Auf der platzartig breiten Verladestraße hinter der großartigen Halle des Ben-Thanh-Marktes, in der viele Gäste umliegender Luxushotels zu Schnäppchenjägern werden, hocken illegal arbeitende Händler zu Dutzenden mit ihren Waren auf dem Pflaster. Eine Orangenhändlerin sagte mir, sie würde wegrennen, wenn die Polizei käme. Doch ihr gefurchtes, vom gelben Spitzkegelhut beschattetes Antlitz ließ mich keine Panik sehen.

Gleichmütig klebte sie grüne Blätter an die Stiele ihrer Orangen, weil die Kundschaft Früchte mit welken Blättern nicht will. Dass die Polizei sich nicht blicken lässt, ist wohl die Saigoner Variante von Sozialfürsorge, da die Kommune eine finanzielle nicht gewährt.

Auch von den Trödlern, die am stinkenden Ben-Nghe-Kanal lebendiges Kleingetier feilbieten, hat keiner eine Lizenz. Sie handeln mit Schlangen, Schildkröten, Hunden, Vögeln. Die Uferstraße liegt am Rand des belebten Ersten Distrikts, ist aber beinahe menschenleer. Wer diesen Markt aufsucht, bedarf der Wiederherstellung seiner Potenz (Schlange), der Stärkung seines Herzens (Schildkröte), der Erquickung seines tierliebenden Gemüts (zarter japanischer Hund – teuer) oder seines verwöhnten Gaumens (fetter deutscher Hund – billig). Ich machte es wie ein sündiger Buddhist, der den Himmel versöhnen will: Für zwanzigtausend Dong (ein Euro) kaufte ich zwei kleine, mit Leimruten gefangene Singvögel und ließ sie frei.

Jenseits des verdreckten Kanals, ebenso am diesseitigen Kanalsaum des Chinesenviertels Cholon, dort, wo morgens kurz vor fünf die verstädterten Kampfhähne krähen, aber auch am Ostufer des Saigon River ragen fäkalienumspült fensterlose Wellblechhütten auf schiefen Pfählen aus der Brühe. Die Armenhäuser gab es bereits zur Franzosenzeit, Graham Greene nannte die darin Hausenden „Sumpfbewohner“. Nun vegetieren dort die Stiefkinder der vietnamesischen Geschichte – entwurzelte Nutznießer der US-Army und heimgekehrte Boat People.

Die Letzteren hatten ihre Heimatstadt Saigon nach dem kommunistischen Sieg in winzigen Booten verlassen. Viele ertranken im Südchinesischen Meer. Diese aber kamen an, in Hongkong oder Singapur, wo sie in Flüchtlingslagern lebten. Nach Jahren kehrten sie zurück. Sie nahmen harte Prüfungen auf sich, Verhöre, Verbote, schikanöse Überwachung, dankbar indes, dass die Heimat sie wieder aufnahm. In jedem Vietnamesen, mit dem ich sprach, sei es ein Sumpfbewohner oder ein Filmstar, zeigte sich mir ein Patriot. In keinem anderen Land habe ich so viele Menschen so überzeugend sagen hören: „Ich liebe mein Land."

Von den Lippen der zwanzigjährigen Do Hai Yen, deren Auslassungen mich eben noch wie gehauchte Zärtlichkeiten berührt hatten, kam dieselbe Bekundung mit feierlichem Glockenton. Sie hatte in einer Hollywood-Adaption des Greene-Romans „Der stille Amerikaner" die Vietnamesin Phuong gespielt. Seitdem bewohnt sie ein komfortables Apartment am Stadtrand von Saigon, in dem sie mich zu einem Interview empfing.

Die Firma des US-Produzenten Sydney Pollack war eine der ersten ausländischen Gesellschaften, der gestattet wurde, in Saigon zu drehen. Hollywood hatte den Greene-Stoff schon einmal verfilmt, in den 1950er Jahren und im Atelier. Damals wurde Phuong von einer Italienerin gespielt, die der Rolle nicht gerecht wurde. Diesmal rief die Produktion Tausende junge Vietnamesinnen zum Casting. Sie fand Hai Yen, eine Achtzehnjährige, die sieben Jahre in Hanoi die Ballettschule besucht hatte und wie so viele junge Leute aus dem Norden nach Saigon gegangen war, um dort ihr Glück zu machen. Und ihr war, sagt sie uns, „schwindelig vor Glück", als sie neben dem berühmten Michael Caine vor der Kamera stand.

Der Film zeigt die frühe Einmischung der USA in die Geschicke Vietnams, zeigt das amerikanische Streben, die französischen „Colons" im Sattel zu halten und den Unabhängigkeitskampf Ho Chi Minhs mit unlauteren Aktionen zu ersticken. Gegen dieses Drehbuch hatte das vietnamesische Kulturministerium natürlich keinen Einwand.

Die Dreherlaubnis erteilte es aber auch aus einem anderen Grund, den nannte der Vizechef der Tourismusbehörde, Pham Tu: „Mir war aufgefallen, dass fast jeder Tourist Graham Greenes Buch in der Hand hatte, und ich begriff, dass Literatur den Tourismus beflügelt. Ein Film aber, so dachte ich, würde noch viel mehr Touristen in unser Land locken als ein Buch."

Der mit profunder historischer Sorgfalt gedrehte Film, dessen Hauptdarsteller 2002 für den Oscar nominiert wurde, war wohl auch ein Akt amerikanischer Gewissensnot. Jeder Spaziergang durch den Ersten Distrikt wird die Filmleute aus Hollywood an die Kriegsgräuel erinnert haben. Denn dort betteln in der Stadt der Hoffenden die Hoffnungslosen. Sie sind noch Kinder, Halbwüchsige mit herzzerreißend dünnen Beinen, auf denen sie nicht laufen, sondern deren Unterschenkel sie sich hinter den Hals klemmen wie nutzlose Extremitäten. Mit ihren Händen schieben sie ihren Rumpf auf Touristen zu, und die wenden sich nicht selten ab. Diese Kinder kamen lange nach Kriegsende auf die Welt, Kriegsopfer sind sie gleichwohl. Tausende missgestaltete Kinder werden jedes Jahr geboren, weil ihre Mütter damals das Entlaubungsgift Agent Orange eingeatmet hatten. Anders als die „Colons" haben die amerikanischen Militärs der Stadt, in der sie viele Jahre das Sagen hatten, bloß Verunstaltung hinterlassen – hässliche Betonwaben, dräuende Militärkomplexe und die nachgeborenen Krüppel im Glanz des Ersten Distrikts, der das eigentliche Saigon ist und auch in Ho Chi Minh City noch so heißt.

Doch da ist nichts, was dieser schicksalsbeladenen Stadt ihren rätselhaften Zauber nehmen könnte, dem besonders die Europäer verfallen. Die berühmte italienische Journalistin Oriana Fallaci schrieb 1968: „Ich spüre oft das brennende Verlangen, wieder nach Saigon zurückzukehren … Saigon steckt in meinem Leben wie ein Messer."

Der Magnetismus Saigons ist schwer zu entschlüsseln. Es ist eine seltsame, großstädtische Intimität, die den Fremden umfängt, wenn er unter hohen, schlanken Eukalyptusbäumen durch diese Stadt spaziert. Egal wo, ob im Ersten oder im Dritten Distrikt, dem Villenviertel der französischen Hautevolee, er weiß sich in einer Stadt, die ihm fremd ist, doch sie erscheint ihm vertraut. Sogar im Fünften Distrikt, dem alten chinesischen Cholon, dem die Kommunisten das Laster des Opiums und der wohlfeilen, käuflichen Liebe austrieben, während die chinesischen Ideogramme an den Häusern blieben, selbst dort fühlt der Fremde sich angenommen.

Was verzaubert so sehr? Ich meine, es ist der eurasische Charme Saigons. Denn anders als in Peking oder Shanghai, Städten, denen ein modernisierungswütiges Regime mit dem Abriss bukolisch verwinkelter Altbauviertel Identität nimmt, wird in den Wohnvierteln Saigons das Althergebrachte erneuert, und das ist französische Kolonialidylle. Frankreich führte gegen Ende des neunzehnten Jahrhunderts mit dem Schachbrettgrundriss der Distrikte auch den schmiedeeisernen Balkon ein. Die Balkone sind mittlerweile rostbefallen und so verwittert, dass sie Menschen kaum noch tragen, wohl aber die leichteren Bonsai-Stecklinge buddhistischer Naturanbetung.

Jenseits der großzügig angelegten Innenstadt, in den schwülen Ameisenwelten der kleinen Leute, sind die Häuser selten breiter als ihre Balkone, die den engbrüstigen ersten Stock zur Beletage adeln. Modernisierung heißt in Saigon: himmelwärts weiterbauen, Etage um Etage auftürmen und hoch über der erdnahen Nachbarschaft eine säulengestützte Dachterrasse anlegen, auf der Dschungelgrün wuchert, Singvögel in geräumigen Volieren zwitschern und die Hosen des Bauherrn trocknen.

Das Erdgeschoss aber ist stets eine Garküche, ein Geschäft oder eine Werkstatt. Hier riecht es nach Schweinefett, Zitronengras und Chili, und in den Woks zischt heißes Fett. Angesichts einer kommerziellen Geschäftigkeit, die keine Toreinfahrt ungenutzt lässt, kommen westlichen Besuchern manchmal Zweifel, ob Saigon wirklich eine kommunistische Stadt ist. Denn als solche stellt sie sich nirgends dar. Außer einer roten Fahne an Gebäuden, in denen die Partei residiert, erinnert nichts an die Obrigkeit.

Auch die „Absolventen" der „Umerziehung" fassen allmählich wieder Tritt, beispielsweise Herr Nhan. Es ist kaum vorstellbar, dass er seine Kunstgalerie ohne behördliche Billigung betreibt, denn sie befindet sich in Sichtweite des Rathauses. Über seine Jugend zur Zeit des Amerikanischen Kriegs spricht Herr Nhan fast ungehemmt. Er studierte in Saigon die schönen Künste. Über die Zeit danach zu sprechen fällt ihm sichtlich schwer. Ich begreife, dass meine neugierige Frage nach dem Umerziehungslager ein Tabu verletzt. Herr Nhan sagt schließlich, und dabei lächelt er: „Ich gucke nicht zurück. Ich sehe nach vorne." Dieser Spruch, den ich öfter hörte als jenen über die Heimatliebe, ist, könnte ich sagen, die Hymne Saigons.

Alexander Smoltczyk
Die Hauptstadt macht Tempo

Zum Tet-Fest beginnt die Offensive. Dann rasen sie, spätnachts rund um den Westsee. Hundert sind es, vielleicht hundertzwanzig. Sie haben die Haare gegelt und sorgfältig zerzaust, hocken rauchend auf ihren Hondas, cool gelangweilt, als lümmelten sie gerade auf einer Parkbank und säßen nicht bei Tempo neunzig auf einer kreischenden Maschine mit aufgebohrten Zylindern. Die Ständer sind ausgeklappt, damit die Funken sprühen in den Kurven. Sie fahren im Pulk, dicht aufeinander, damit niemand wagen darf zu bremsen, alle würden stürzen. Sie haben die Route durch die Hung-Vuong-Allee gelegt, wo die Bonzen wohnen, vorbei am Mausoleum, Museen, Regierungspalästen und Villen der alten Macht. Als Schwarm und Höllenreiter rasen sie um den See herum, alle paar Wochen, immer spätnachts, und kaum einer dieser postkommunistischen James Deans ist älter als zwanzig Jahre.

Hanoi führt ein Doppelleben. Es zelebriert noch den Kult der Revolution, mit Onkel Ho als Wachspuppe im Mausoleum, mit Leninpark und Dissidenten unter Hausarrest. Und gleichzeitig brennt die Stadt im Fieber der Bereicherung, des Ausprobierens und der Anarchie. Auf der Karte des Künstlercafés „Viet Art Center" im Französischen Viertel steht der Cocktail „B 52".

Die junge Kellnerin hat nicht die leiseste Ahnung, dass ihr Land einmal von B-52-Bombern mit Bombenteppichen belegt worden ist.

Das ist Vorzeit. „Euer Problem“, sagt Thanh. Er trägt Rastalocken hinterm Stirnband und ein Sweatshirt mit lächelnder Teufelsfratze. „Ihr Ausländer wollt immer über den Krieg reden. B 52 ist eben ein Cocktail. Das klingt für uns normal.“ Tanh ist Hip-Hop-Tänzer und Chef der Truppe Big Toe. Neben ihm sitzen „Red“, ein Warhol-blonder 18-Jähriger, und „Turtle“, dessen Spezialität Headspinning ist, das Rotieren auf dem Scheitel, bis alles vor den Augen verschwimmt. Ein Jugendlicher in Vietnam hat im Schnitt um die sechshundert Schulstunden Marxismus-Leninismus in den Knochen. Das reicht, um den Rest des Lebens nicht mehr daran zu denken. „Ho Chi Minh ist schnell und oberflächlich“, sagt Turtle und meint damit Saigon. „In Hanoi werden die Dinge ernst genommen.“

Auch Hip-Hop. Die drei haben sich die Tanzfiguren mit Videos made in China beigebracht und perfekt kopiert. Heute ist ihr großer Tag. Sie gehen quer über die Straße zum „Palast der vietnamesisch-sowjetischen Freundschaft“. In diesem Block aus billigem Marmor und dekretiertem Optimismus hat das Goethe-Institut an diesem Abend deutsche, französische, vietnamesische Hip-Hopper zusammengebracht: für „Traffic“, ein Tanzspektakel, das die frühmorgendlichen Tai-Chi-Übungen der Alten am Schildkrötensee kombiniert mit den Headspins, den Airfreezes, Hiprolls und Twirls der Hip-Hop-Jugend Hanois. Die Aufführung ist ausverkauft. Zweitausendfünfhundert Zuschauer werden kommen, und die blondierten, wirbelnden, durch und durch globalisierten Jugendlichen feiern sich selbst.

Die Franzosen erklärten Hanoi 1883 zur Hauptstadt von Tonkin und später zum Verwaltungssitz ganz Indochinas. Seither sitzt hier die Macht, an der „Schleife des Roten Flusses“, denn das bedeutet Ha Noi. Die Kolonialherren legten nach dem Vorbild des Barons Haussmann Boulevards, Kanalisation, Alleen an, setzten eine Opéra und das De-luxe-Hotel „Metropole“ in die Stadt, um das unheimliche Treiben der

Altstadt mit ihren drei Dutzend Gewerbegassen zu vergessen. Das urbane Häuserlabyrinth mit den dunklen, bis zu neunzig Meter nach hinten reichenden Gebäuden diente den Befreiungskämpfern als Hauptquartier, Bunker und Operationsbasis. Weil Steuerrecht und Erbteilung im Lauf der Jahrhunderte zu bizarren Grundstücksformen führten, sind diese „Tunnelhäuser“ oft kaum mehr als eine Armspanne breit, balancieren hoch oben ein winziges Dach.

Das einzigartige Viertel der sechsunddreißig Gassen ist vor tausend Jahren entstanden, um den Hofstaat zu versorgen. Es ist seither in Betrieb, ruhelos, geschäftig, eng wie eh und je. Aus den Zunftstraßen der Silberschmiede, Segelmacher, Seidenfärber, Korbmacher sind die Gassen der Kofferhöker, der Mopedtaschenschneider und Mönchsausstatter geworden. Für ideologische Veteranen gibt es Devotionalienläden mit roten Fahnen und Lenin-Statuetten. Vor Jahren noch waren die Altstadtgassen ungeteert, jetzt werden an den Kreuzungen hypermoderne Ampeln montiert, auf denen im Countdown die Wartezeit abzulesen ist (vielleicht auch, weil die Frau eines Ministers eine Ampelfirma betreibt).

Gleich neben dem Touristenbüro am Hoan-Kiem-See, dort, wo in den jadegrünen Untiefen die Riesenschildkröte gelebt haben soll, werden im Eingang eines Tunnelhauses Koffer angeboten. Berge chinesischer Kopien von Markenkoffern. Doch wer sich mit eingezogenem Kopf durch die Auslagen ins Innere zwängt, über modrige Stiegen, durch alle Gerüche der Erdenhölle, an Schreinen vorbei, vor denen Wodkapullen, Zigaretten, Drachenfrüchte aufgestapelt liegen als Zehrung für die Ahnen, der wird plötzlich in einem der magischen Orte Hanois stehen, einem Studentencafé mit Blick auf den See, eng wie ein Vietcong-Versteck, laut, verqualmt, strotzend vor juveniler Zuversicht. Und mittendrin, in einer Remise, wohnt die Oma der Betreiber.

Neunzigtausend Menschen leben auf drei Quadratkilometern. Die Stadtverwaltung hat keine Ahnung, wie sie mit diesem Ensemble, halb Slum, halb Unikum, verfahren soll: Abreißen? Entkernen? Wuchern lassen? Ein Pagodenbedarfshändler bietet Klangschalen, Mückenwedel aus Pferdeschweif und digitale Kästchen mit Gebetsgesängen für jede Gelegenheit. Federnd trippeln Frauen unter der Last ihres Schulterjochs vorbei, beladen mit Körben voller Mandarinen. Über ihnen hängt bedrohlich der Wulst aus unentwirrbar miteinander versponnenen Luftwurzeln, Telefondrähten und Stromkabeln. Ein Ohrenputzer mit einer vorgebundenen Stirnlampe untersucht auf der Straße einen Kunden, vorbei fährt ein Moped, beladen mit Dutzenden, in Plastiktüten schwimmenden Goldfischen.

Wie Schwärme fluten die Mopedmassen durch die Straßen, gleiten ineinander, ballen sich kurz und entstricken sich wieder, eine harmonische Bewegung, die sogleich zusammenbricht, wenn jemand stürzt. Dann wird es wölfisch. Denn wer jemanden umfährt, muss ihn ins Krankenhaus bringen und die Behandlung bezahlen. Ein Gesetz, das zur Fahrerflucht anstiftet; die blutenden Opfer bleiben liegen.

Niemand weiß zu sagen, wie viele Menschen in Hanoi leben. Sie kommen „vom Land" (in Hanoi ist das ein Schimpfwort), weil sie gehört haben, dass in der Hauptstadt wieder das schlichte Gesetz des Geldes herrscht. Sie kennen bisweilen weder Spülklo noch Mopeds, begnügen sich mit einem Winkel in der Altstadt, schuften sich krumm für ein paar Dong-Scheine, denn alles, alles ist besser als vom Land zu sein.

Kurz vor Mitternacht füllen die Handlanger und Bauern den Platz unter der gewaltigen Long-Bien-Brücke, konstruiert vom Büro Gustave Eiffel. Bis zum Platzen beladene Lastwagen werden ausgeladen, Körbe ausgebreitet. Niemand schläft. Die Menschen hocken neben Säcken voller Mohrrüben, wiegen

Peperonischoten, sortieren Limonen, eilig, hastig, als hätten sie nicht noch die ganze kühle Nacht vor sich. Karren werden hin und her geschoben, quer durch den Verkehr der Busse und Mopeds, das Licht ist gelb und dunstig. Jeder hat es eilig – als könnte man so schneller zum Schlafen kommen. Jeder kennt seine Aufgabe. Sie stärken sich vor der Nacht und löffeln die Suppen der Bratereien und Garküchen, schauen dabei aus den Augenwinkeln auf den Fernseher, auf dessen Schirm sich Seifenopern abspielen. Suppe wird die einzige Wärme für die nächsten Stunden sein. Der Markt findet hier seit Jahrhunderten statt. Die Bauern kennen ihre Abnehmer. Sie wissen, dass die prallen Bündel, die Bastkörbe bis zum Morgengrauen leer sein werden, sie selbst bleischwer vor Müdigkeit. Die Fahrer schlafen in ihren Kabinen. Andere schlafen nie; sie gehen morgens an eine andere Arbeit.

Hanoi besteht aus vier, fünf Millionen Ich-AGs, Ameisenkapitalisten und Barfuß-Unternehmern. Moped-Rangiererinnen verstauen Räder auf den Gehwegen, andere verkaufen Glücksmünzen, klauben Plastikmüll zusammen oder firmieren am Straßenrand als Besitzer einer Luftpumpe.

In der Schneidergasse sitzt Mr. Dung zwischen seinen vier sirrenden Nähmaschinen. Nichts an ihm verrät seinen Reichtum. Mr. Dung ist getarnt: „Wenn die Kommunisten wiederkommen, sage ich: ‚I have nothing!'" Er kichert. „Mein Vater sagte mir: ‚Keep it like family!' Keinen Luxus, nein …" Er schüttelt sich, hebt den Zeigefinger, „kein Geld kommt auf die Bank. Keep dollar and go!" Das Geld liegt teils in der Schweiz, teils bekämpft es heimlich die Kommunisten im Lande, indem es Quadratmeter für Quadratmeter verlorenes Terrain zurückerobert: Der Schneider will möglichst viele Dong-Geldscheine bekommen, um Zimmer für Zimmer die enteigneten Häuser seiner Familie zurückzukaufen. Das ist seine Rache an der Geschichte – der Schneider ist ein „Viet-Dong".

„Ich sparte Money und kaufte den ersten Stock!" Sein Englisch brachte er sich selbst bei, Kunden hatten ihm ein Buch geschickt. „Und ich zahlte immer Tax!" Er spuckt das Wort wie Galle aus. „Dann kaufte ich den zweiten Stock. Aber ich zahlte nichts." Er lebt in Hanoi, weil er hier seine Familie hat und alle irgendwie in sein Business integrieren kann. Obwohl es in Saigon besser sei. In Hanoi sei Korruption das Problem – all die Zöllner, Aufpasser, Kontrolleure, die ihren Anteil verlangten: „Wir brauchen viele Parteien. Nicht nur eine, sonst gibt es keine Kontrolle." Mr. Dung arbeitet zwölf Stunden täglich, jeden Tag der Woche sitzt er eingeschlossen in seiner Nähstube in der Altstadt. Aber er hat mehr von der Welt verstanden als mancher, der sich noch für mächtig hält.

Saigon ist die Stadt der Industrie, Hanoi die des Kleinhandels und Handwerks. Auf dem Hang-Da-Markt, dem farbigsten der Stadt, reproduzieren Kunststudenten mithilfe einer Postkarte auf Wunsch jedes Werk der abendländischen Kunst, von Caravaggio bis Dalí, in musealer Qualität und für einen Quadratmeterpreis von rund dreißig Euro. In den letzten Jahren sind Kreative und Glückssucher aus Europa hierher gekommen, angelockt vom Ruf einer Stadt, die so zukunftstrunken ist wie Shanghai – und in der man die Buchstaben lesen kann. An der Kathedrale Saint-Joseph finden sich Vitrinen mit Designer-Handtaschen und edlem Ethno-Mobiliar. „Es herrscht Goldgräberstimmung in Hanoi", sagt die Römerin Valentina Bottari von „La Casa", ihr Design ist italienisch, die Handwerkskunst nordvietnamesisch. „Aber es genügt nicht, eine gute Idee zu haben. Man muss alles hundertprozentig kontrollieren, sonst geht es schief." Der Staat lasse sie in Ruhe. Vom Kommunismus spüre sie nicht viel.

Der Franzose Laurent Severac brennt mit seiner Destille Duft und Heilessenzen, beliefert den Sternekoch im „Metropole" mit Fischsoßensalz und

Limonenextrakt. Die heimgekehrte Exil-Pariserin Madame Song Thu holt Kinder von der Straße, bringt ihnen Manieren und die Kunst der Confiserie bei und beschäftigt sie in ihrer Patisserie „Baguette & Chocolat“ in der Cha-Ca-Straße. Christian Oster, ein ehemaliger Restaurantchef aus dem Schwarzwald, betreibt „Hanoi Kultour“, lädt Wissbegierige auf den Sitz seines Motorrads Marke Ural, um sie zu den unzugänglicheren Winkeln der Altstadt zu geleiten und in den kulinarischen Untergrund. In der Ngo Tam Thong etwa, einer mopeddurchknatterten, funzligen Gasse abseits der Hang-Bong-Hauptstraße wird auf Bananenblättern die beste nem chua ran bereitet, eine Rolle aus fermentiertem Hack, die in Reisnudelsud getaucht wird. Man kauert auf quietschbunten Kinderschemeln, weltenweit entfernt von den Hygiene-Richtlinien der EU, trinkt dazu grünen Tee, schmeckt Wasserbasilikum, frischen Koriander, Thymian. Eigentlich ist es streng verboten, auf den Gehwegen zu kochen. Eigentlich dürfen auch Friseure nur in geschlossenen Räumen arbeiten. Aber mit den Vorschriften ist es wie mit dem Kommunismus. Sie laufen, weil sinnlos, ins Leere.

Einer der erfolgreichsten Neubürger Hanois ist Dr. Mai Huy Tan. Seine Villa am Westsee ist leicht an der dem Florentiner Dom nachempfundenen Kuppel zu erkennen. Es gibt schmiedeeiserne Gitter aus Versailles, Treppengeländer eines hanseatischen Kontorhauses und an der Kuppeldecke den „Triumph der Galatea“ von Raffael: „Wir müssen nichts erfinden. Nur lernen und gut nachmachen“, sagt Dr. Tan, verneigt sich und überreicht als Gastgeber ein selbst übersetztes Buch mit deutschem Liedgut. Tan war drei Jahre lang an der Front. Er weiß, dass „B 52“ nicht nur ein Cocktail ist. Dann studierte er in Halle an der Saale Planwirtschaft, merkte schnell, dass in der Partei für kreative Köpfe kein Platz ist, und hatte noch den Geschmack Thüringer Bratwürste auf der Zunge.

Inzwischen stopft seine „DucViet"-Fabrik dreihundert Schweine täglich in chinesische Därme und beliefert die „Bia"-Trinkhallen und Restaurants Hanois mit Thüringer Würsten, eigenem Senf und Lendchen, alles nach deutschem „Reinheitsgebot" und geprüft vom TÜV Rheinland. „Arbeiter und Bauern sind das Fundament des Regimes. Nicht Unternehmer", sagt Dr. Tan. „Wir Eigentümer werden immer noch als Kapitalisten gesehen. Deswegen lacht die Jugend über die Partei. Das ist auch nicht gut." Er sagt, er könne sich eine freie Meinung leisten: „Ich bin kein Regimegegner. Ich mache nur Würste."

Die Straße der Eisenbieger, Werkzeughändler, Blechschweißer führt nach Tu Liem im Westen, dort, wo die meisten Städte die Zukunft vermuten lassen. Das neue Hanoi träumt sich hier schon als Shanghai, mit breiten Magistralen und unwirklich perfekten Wohnblöcken. Mittendrin feiert ein Blütenglobus das Zeichen der neuen Zeit: „WTO" steht da zu lesen. Vietnams Eintritt in den Welthandel im Januar 2007 wurde in Hanoi gefeiert wie die endlich geglückte Revolution. Für mehr als eine Viertelmilliarde Dollar hat sich die Stadt ein Nationales Konferenzzentrum hingestellt, in Wellenform erdacht von dem Hamburger Architekten Meinhard von Gerkan und bislang ziemlich leer stehend.

Für das Geld, das der Bau verschlungen hat, hätten sämtliche Krankenhäuser aus dem sanitären Mittelalter in die Gegenwart katapultiert werden können. Die Regierung entschied anders. Es wurde in drei Schichten geackert, rund um die Uhr, ohne Pause und ohne Sonntag. Eine pharaonische Fleißarbeit, um den Führern des pazifischen Wirtschaftsraums zu zeigen, was die Stadt kann. Zum APEC-Gipfel im November 2006 war das Monstrum fertig, und als der US-Präsident sich im traditionellen Seidengewand fotografieren ließ, da wusste mancher nicht mehr, wer hier welchen Krieg gewonnen oder verloren hatte. Es war

Headspinning, wie die Hip-Hopper von Big Toe sagen würden.

Spätnachts oder schon frühmorgens liegt der alte General in seiner Villa, Hoang-Dieu-Straße Nr. 30. Er ist legendenumweht wie die Schildkröte im Hoan Kiem, dem See des zurückgegebenen Schwertes. Der General ist einbalsamiert in Ruhm und Ehre, doch noch zu lebendig fürs Mausoleum. Es ist General Giap, der Sohn eines Reisbauern und Dorfschullehrers, der die Franzosen bei Dien Bien Phu vernichtend schlug mit seiner List. Der die Tet-Offensive gegen die USA kommandierte, Zehntausende opfernd für Freiheit und Sozialismus und all das, was heute keine Rolle mehr spielt. Er soll sich kritisch über den Kurs der Partei geäußert haben, warnend vor Korruption und den Sirenenrufen des Kapitals. Deshalb wird niemand mehr zu ihm gelassen. Die Macht bewacht ihre Legende, wie sie auch Onkel Ho bewacht – drüben in seinem Grabmal. Mag sein, dass Giap aus seinen Träumen gerissen wird, wenn nachts die Enkel und Urenkel die Uferstraße entlangjagen, rasend, geschichtslos und so viel Zukunft vor sich, dass sie ihr Leben dem Augenblick opfern.

Bernd Schiller
Unterwegs im Bergland – Rote Hmong und Weiße Tai

Die Familie des Bauern Lo Van lebt traditionell, vier Generationen unter einem Dach, ein Dutzend Menschen, von der hochbetagten Urgroßmutter, die am Fenster Gemüse schält, bis hin zu den Babys, von denen eines gerade gestillt, das andere in einer Hängematte vom Großvater geschaukelt wird. Eine Idylle, wie sie im nördlichen Bergland noch oft anzutreffen ist. Wir waren über eine schwankende Hängebrücke in das Dorf gelangt, hatten uns dort ein wenig umgeschaut, bis uns überraschend Herr Lo in sein Stelzenhaus bat, eine steile Treppe hoch in den großen Wohn-, Schlaf- und Gemeinschaftsraum.

Wir tauschen Höflichkeitsfloskeln aus, ein selbst gebrannter Reisschnaps, mit Kräutern ungewisser Herkunft versetzt, wird angeboten; er schmeckt so scheußlich, wie er aussieht. Bao, unser vietnamesischer Begleiter, übersetzt den Small Talk. Er muss genau hinhören, denn die Landessprache ist nicht die Muttersprache der Familie Lo Van. Die Sippe gehört zur Volksgruppe der Schwarzen Tai, einer von über fünfzig, die vor allem im nördlichen und im zentralen Bergland siedeln, zusammen an die zehn Millionen Menschen (die Gesamtzahl aller Einwohner von Vietnam nähert sich der Neunzig-Millionen-Grenze).

Herr Lo hat gerade den Trockenreis geerntet. Die meisten seiner Felder liegen im Tal, entlang kleiner Flüsse. Demnächst aber wird er den Nassreis von den Terrassen einbringen, die höher liegen und mühsamer zu bearbeiten sind. Seine größeren Kinder, von zwölf an aufwärts, seine Brüder, seine Nachbarn werden ihm dabei helfen. Daheim kümmern sich die Frauen und die kleineren Kinder um das Vieh. Sie werden die Wasserbüffel und die Schweine füttern, die unter dem Wohnraum gehalten werden, sie werden Essen auf Vorrat kochen und den Reis zum Dreschen vorbereiten. Und niemand wird sich darum scheren, ob die Regierung die Mithilfe der Familienmitglieder erst ab einem Alter von achtzehn Jahren erlaubt.

Die Tai, nicht verwandt mit den Tay, wohl aber mit den Thai, aus deren Land sie vor Jahrhunderten eingewandert sein sollen, gliedern sich in Clans, die unterschiedliche Dialekte sprechen und verschiedene Trachten tragen: schwarze, rote, weiße. Und nach ihrer Kleidung werden sie auch benannt: Die Familie Lo Van gehört zu den Tai Dam, den Schwarzen Tai. So lange Bauer Lo zurückdenken kann, und soweit es ihm sein Vater und sein Großvater erzählt haben, ist seine Volksgruppe hier, im Nordwesten Vietnams zu Hause, nicht weit von der laotischen Grenze entfernt.

Zentrum des sozialen Lebens ist der Fernsehapparat, den heute jede Familie im Dorf hat (und oft den ganzen Tag über laufen lässt). An der Holzwand hängt das obligatorische Bild von Onkel Ho. Der Großvater hat ihn persönlich gekannt, für ihn und die Sache des Volkes habe er gekämpft, wie er sagt. Inzwischen haben sich auch einige betagte Nachbarn eingefunden, neugierig auf die Fremden, denen sie ihre Orden zeigen und ihre Geschichte erzählen wollen. Auf einem kleinen Hausaltar stehen Bilder des Urgroßvaters und anderer Vorfahren. Räucherstäbchen glimmen vor den Fotos, daneben stapeln sich Früchte und sogar ein paar Zigaretten vor einer hölzernen Buddhafigur. Tempel oder Klöster gibt es kaum in den Dörfern der Montagnards, wie die Franzosen die Bergvölker in Indochina genannt haben.

Jeder Abstecher, jedes mehrtägige oder gar vielwöchige Eindringen in ihre Welt gleicht einer spannenden Reise ins Entlegene, wie sie einst Forscher und andere frühe Reisende empfunden haben mögen. Noch gelingt es den meisten Stämmen und Kleinvölkern, nach ihren alten Traditionen und Riten zu leben. Bis heute suchen zum Beispiel die Tai vielfach Rat und Hilfe beim Schamanen, auch in medizinischen Notfällen. Ihre Religion und die vieler anderer Montagnards ist eine Mischung aus Ahnenverehrung, buddhistischer Ethik und Geisterglauben. Zwar drängt die Zentralregierung in Hanoi auf Eingliederung in Schul- und kommunale Systeme. Aber so, wie sich einige Bergstämme in früheren Jahrhunderten den französischen Missionaren, den Beamten und Soldaten der Kolonialherren durch geschickte oder auch nur vorgetäuschte Anpassung entzogen haben – andere allerdings haben sich Franzosen und Amerikanern geradezu angedient, um ihre Erbfeinde, die Vietnamesen, zu bekämpfen –, so versuchen sie heute, ihre wirtschaftliche Lage mit Hilfe des Staatsvolkes zu verbessern. Die Sprachen der meisten Minderheiten sind wieder erlaubt, Hanoi fördert sogar begabte junge Montagnards mit Stipendien. Das Vordringen der Moderne in ihre Welt, der Bau von Staudämmen, die Suche nach Bodenschätzen, ja, auch Fernsehen und Internet lassen jedoch ein Ende ihrer Identität und Kultur in wenigen Jahrzehnten erahnen.

Seit zehn Tagen sind wir unterwegs in den Bergen des Nordens, und noch immer können wir nur mit Hilfe unseres Freundes Bao die Ethnien, die uns am Straßenrand, in den Dörfern, auf den Märkten begegnen, auseinanderhalten: Rote Tai, Rote Hmong, Rote Dao …? Hilf, Bao, sag du uns, wer hier zu welchem Völkchen gehört. In den nächsten Tagen werden wir Kho-Mu-Leute treffen, deren Kleidung eher schlicht ist und nur durch Silberknöpfe an den Westen etwas Glanz in ihren Alltag bringt. Wir werden Dao-Leute in allen Farben sehen, auch Nung-Bergler, von denen einige in Hütten aus Lehm und Flechtwerk leben, andere in robusten Holzhäusern auf Stelzen. Bunter „gestrickt" ist kein anderes Land in Südostasien.

Von Hanoi aus waren wir zunächst nach Westen und dann nach Norden gefahren, nur weg von einem Taifun, der sich übers Südchinesische Meer dem Delta des Roten Flusses nähern sollte. Jeden Tag lässt sich Bao über Handy von seiner Frau und seinen Freunden erzählen, wie weit die Gefahr noch entfernt ist. Niemand weiß etwas Genaues. Immerhin, so erzählt Bao, verkleiden schon die ersten Ladenbesitzer in Hanoi und erst recht in der Hafenstadt Haiphong ihre Schaufenster mit Holzpaneelen. Die Sorge ist verständlich, denn die Bewohner des nördlichen Deltas werden seit uralten Zeiten nahezu in jedem Herbst von schweren Stürmen heimgesucht, einhergehend mit Überflutungen, Tod und Verderben. Zwischen September und Ende Dezember hält der Große Wind, dies die Übersetzung des chinesischen Begriffs, das schmale Land an Indochinas Ostflanke in Atem, lässt es bangen und zittern. Denn oft genug geht er einher mit gewaltigen Regenfällen, die die großen Flüsse zum Überlaufen bringen.

Zwei, drei Tage lang rollen wir auf guten Straßen, bald darauf aber schaukelt das schwere Fahrzeug über Pisten, die kein klimatisierter Rundreisebus bewältigen könnte. Ausgefeilte Tagesprogramme sind bei dieser Reiseform sowieso nicht möglich. Also haben wir Station gemacht, wie es sich ergeben hat, in privaten kleinen Gasthäusern, einmal sogar in einer Lodge, der wir drei Sterne verliehen haben, oft genug aber in unsäglich schmutzigen Hotels, von Gewerkschaften oder Regierungsbeamten geführt und erkennbar seit Jahren heruntergewirtschaftet. Die Nächte waren in manchen dieser äußerlich oft stattlich wirkenden Herbergen von Geräuschen geprägt, deren Ursache wir uns manchmal gar nicht erst zu Ende denken mochten, es krabbelte und raschelte in allen Ecken, auf dem Dach, in den Wänden. Die Tage hingegen waren ausgefüllt mit atemberaubenden Landschaftserlebnissen und mit Begegnungen, wie sie eine organisierte Tour mit festgelegtem Rhythmus so wohl nie ermöglicht hätte.

In Ban Lac zum Beispiel, wo Frau Su an einem Webstuhl aus Bambus arbeitet. Sie hat ihn von ihrer Mutter geerbt, und davor hat schon die Großmutter auf diesem Gerät so farbenfrohe Schals gewebt, wie Su sie heute zuweilen an Fremde verkauft. Ban Lac liegt nur wenig abseits der viel befahrenen Nationalstraße 6, eine Tagestour von Hanoi aus. Drei Tage braucht die Weberin für einen der populären Umhänge. Zusammen mit dem, was Sinh, ihr Mann, auf seinem Reisfeld einbringt, reicht es für ein bescheidenes, gutes Leben, wie sie sagt.

Die Familie gehört zu den Weißen Tai. Ihre Lebensweise, im Dunstkreis der Hauptstadt, hat sich gewandelt. Im Dorf haben einige Männer ein Moped, eine Tochter aus dem Su-Sinh-Clan tanzt zwei, drei Mal im Monat vor Touristen in der benachbarten Mai Chau Lodge. Alte Erntetänze aus der Region werden dort aufgeführt, auch solche, mit denen noch zu Sus Jugendtagen der Frühling im Dorf begrüßt wurde. Eine andere Tochter kellnert in Hanoi, eine dritte verdingt sich für zwei Jahre als Fabrikarbeiterin in Taiwan. Nur der Sohn ist daheim geblieben, er betreibt eine Tischlerei im Dorf und liefert den Nachbarn, was sie brauchen: Tisch, Bett, Stuhl und Sarg.

Die Straße nach Nordwesten, der vietnamesisch-laotischen Grenze entgegen, windet sich über Serpentinen in eine subtropische Berglandschaft von unglaublicher Schönheit und schmerzhaften Kontrasten. Eben noch über gut zehn Kilometer flaschengrüner Urwald, ein Feld vielfarbiger Orchideen, tiefe Täler, durch die Flüsse mäandern. Eine Kurve weiter und aus schmutzig-braunen Hügeln ragen verkohlte Baumstümpfe: Brachland durch Brandrodung. Die

Regierung behauptet, es seien Halbnomaden, die die Wälder anzünden, für eine Saison bewirtschaften und dann weiterziehen.

Die Montagnards, ob sie nun rote, weiße oder andersfarbige Trachten tragen, versuchen, in Vietnam so gut wie in Thailand oder Laos, ihre Identität zu bewahren. Der Tourismus hilft ihnen dabei ein wenig, solange sich die Herrschenden in den Metropolen davon Stabilität in der Region und Prosperität für die eigenen Ziele versprechen. Aber zugleich beobachtet Hanoi das wachsende Selbstbewusstsein der Kleinvölker mit großem Misstrauen. An vielen Orten begehren die Stämme auf gegen Großprojekte wie Staudämme, Straßen und Flussregulierungen, die massiv in ihren Lebensraum eingreifen.

Mindestens so gefährlich aber werden ihren Traditionen die Einflüsse, die mit dem Fernsehen und den neuen Kommunikationswegen auch ins letzte Dorf drängen. Nicht einmal die Alten sitzen abends noch beieinander und erzählen Geschichten von früher. Die jungen Leute streben in die Stadt, und die Regierung unterstützt sie bei der Vorbereitung aufs Studium durch ein dichtes Netz von Grund- und weiterführenden Schulen, deren große Gebäude auch in Gegenden auffallen, die man auf den ersten Blick für die letzte Wildnis halten mochte. Wenn sich aber die nächste Generation nicht mehr die Mühsal auf den Feldern antun will, werden eines Tages auch der traditionelle Hausbau, die Dorfstrukturen, die Feste und die Märkte vor dem weichen, was Hanoi als segensreichen Fortschritt ansieht.

Bao füttert uns mit den neuesten Wasserstandsmeldungen. Der Taifun, so berichtet er, hat seinen Kurs nach Süden verlegt. Wir folgen der Straße 17, die vor nicht allzu langer Zeit ein Teilstück des Kokainpfades markierte, auf dem von Laos aus der Stoff nach Vietnam und Südchina geschmuggelt wurde. Muong Lay heißt unser Etappenziel. Der Weg wird immer schlechter – und immer spannender: Manchmal dauert es zehn Minuten und länger, bis wir einen der alten IFA-Lastwagen aus der DDR überholt haben, die Teekisten, Reissäcke oder Baumaterial über die Berge schleppen. Frauen, die in ihrem farbenprächtigen Outfit auf Anhieb als Mitglieder der Blumen-Hmong zu erkennen sind, tragen das Kraut der Sojabohnen in hohen Kiepen ihren Dörfern entgegen. Schwarze Tai führen Wasserbüffel über die Straße den terrassierten Feldern zu. Mütter aus dem Volk der Roten Hmong, die Babys fest auf den Rücken geschnallt, hacken und jäten Unkraut am Straßenrand, vermutlich Futter für die vielen schwarzen Schweine, die allerorten zwischen Hunden und Hühnern und rotznäsigen Kleinkindern herumschnüffeln.

Muong Lay ist eine sterbende Stadt. Oder vielleicht doch eine mit großer Zukunft? Grau ist der Ort, vom Staub hunderter Baufahrzeuge wie mit einer Folie überzogen. Fünf oder sechs Kilometer vom alten Stadtkern entfernt werden ein Staudamm und ein Wasserkraftwerk gebaut. Das Tal wird geflutet, die meisten Häuser von Muong Lay sind bereits abgerissen. Auf den Hügeln über der Stadt, die noch bis vor ein paar Jahren Lai Chau hieß, wuchern sogenannte Beamtenhäuser, langweilige Kästen im altsozialistischen Stil, einer so hässlich wie der andere.

Das Großprojekt Staudamm, von den wenigen Umweltaktivisten des Landes kritisch, aber ohne jegliche Aussicht auf Gehör oder gar Erfolg beobachtet, schlägt heftige Narben in die Landschaft. Noch mäandert der Schwarze Fluss durch ein wildromantisches Bergmassiv. Aber auch dieses Gewässer, das von der Serpentinenstraße aus so malerisch wirkt, ist gefährdet. Goldgräber rücken ihm mit einer Armada von Baggern auf den Grund. Die lauten Geräte, deren Eimer an Ketten ins Wasser rasseln, sehen alle aus, als seien sie auf einem Hinterhof aus Schrottteilen zusammengebastelt worden.

Nach einer Stunde Flussfahrt landen wir an einem Gehöft, vor dem eine alte Frau Mais zwischen Mühlsteinen mahlt, die anderswo längst in einem Museum ausgestellt wären. Immer wieder begegnen wir in diesem Land des Auf- und Umbruchs in unmittelbarer Nachbarschaft Vergangenheit, Gegenwart und Zukunft, oft genug ein verwirrend enges Geflecht.

Die Straße nach Norden, über den atemberaubenden Tram-Ton-Pass, hat sich in eine Schlammpiste verwandelt. Mühsam rumpeln und rutschen wir an den Hitachi-, Daewoo- und Komatsu-Giganten vorbei, Raupenschleppern, Baggern und anderen Baufahrzeugen, die hier die Wege beherrschen. Hundertachtzig Kilometer sollen es sein bis Sapa, dem berühmtesten Ort des Berglands. Eine Imbisspause in einem Weiler eingerechnet, eine wunderbare Stärkung am Straßenrand, Hackfleisch, Weißkohl und Spinat in Frühlingsrollen aus Reispapier, sind wir acht Stunden unterwegs. Die Knochen schmerzen, als hätten wir die Strecke auf störrischen Eseln zurückgelegt. Und doch bleiben vor allem die atemberaubenden Ausblicke in Erinnerung, die grüne Berglandschaft von wilder Schönheit, Begegnungen mit den vielfarbig gekleideten Bewohnern dieser trotz aller Fortschrittspläne noch weitgehend ursprünglichen Region.

Reisehandbücher, vor allem solche, die sich an Backpacker wenden, nennen Sapa gern schnoddrig und hochmütig ein Touri-Zentrum. In der Tat besuchen neben denen, die sich zu oft für die besseren Reisenden halten, auch Pauschaltouristen und einheimische Ausflügler diesen sympathischen Luftkurort in etwa eintausendsechshundert Meter Höhe. Es ist eine lebhafte, an Wochenenden durchaus trubelige Stadt von etwa dreißigtausend Einwohnern. Eine Bahnlinie führt von Hanoi nach Lao Cai an der chinesischen Grenze, eine gute Busstunde von Sapa entfernt. Auch diese Verbindung erhöht die Anziehungskraft der Stadt, deren mildes Klima und reizvolle Umgebung schon die Kolonialherren vor hundert Jahren zu schätzen wussten.

Fan Si Pan, mit dreitausendeinhundertdreiundvierzig Metern der höchste Berg Vietnams, ragt aus dem Gebirge, das von den Franzosen Tonkineser Alpen genannt wurde. Morgens, wenn die Luft noch klar, aber das Tal schon wolkenverhangen ist, schwebt sein Gipfel wie eine Götterfestung über dem Tal von Sapa. Nach ihm, der sich in drei Tagen Trekkingtour – ohne Seil und Pickel – bezwingen lässt, sind in der kleinen Metropole des Nordens Hotels, Bars und Cafés benannt. Den besten Cappuccino trinken wir auf der Terrasse des „Fan Si Pan" an der Hauptstraße, mit Blick auf Pariser Bergchic, Langzeit-Traveller mit gewaltigen Rucksäcken, Rote Hmong und Schwarze Dao, die ihre selbst gewebten Umhänge anpreisen, lächelnd und ohne jede Aggression.

Ein schmaler und steiler Weg ins Dorf Cat Cat, eine halbe Stunde entfernt, führt durch Indigofelder und Wälder aus Riesenbambus, die sich gut als Kulisse in einem Fantasyfilm machen würden: Kürbisse, die an Bäumen wachsen, Wasserfälle von märchenhafter Schönheit und immer wieder der Blick in Täler, die bis in die Höhen von Reisterrassen gesäumt sind. Blumen-Hmong wohnen in Cat Cat, und sie teilen ihre Siedlung tagsüber mit vielen Besuchern. Geduldig und unermüdlich lassen sie sich bei althergebrachten Tätigkeiten wie dem Mörsern von Reis und Mais, dem Weben und dem Schöpfen von Wasser aus raffiniert angelegten Bambusröhren zuschauen und fotografieren.

Nie zuvor hatten wir von Bac Ha gehört. Erst in Hanoi hatten uns Freunde ans Herz gelegt, den Schlenker nach Osten einzuplanen, unbedingt an einem Sonntag, wenn sich dort die Blumen-Hmong zum aufregendsten Markt Vietnams, zum womöglich farbenprächtigsten ganz Südostasiens treffen. Über Lao Cai, die hässliche Grenzstadt zu China, geprägt durch Lastwagenstaus, Schmugglerkarawanen und graue Hochhäuser, waren wir durch eine üppig-tropische Landschaft wiederum „unserer" N 70 gefolgt und weiter über Nebenstraßen nach Bac Ha, das auf einem Plateau thront, tausend Meter hoch.

Sind es wirklich an die hunderttausend Menschen, wie in einigen Büchern behauptet, die sich hier, wie an jedem Sonntag, durch die Gassen der Schnapsbrenner, Gaukler, Wahrsager, Handleser und Haarhändler drängen, zwischen Gemüsegebirgen, Pyramiden aus Gewürzsäcken und Garküchen? Fliegenschwärme hängen über den Fischständen und, gleich daneben, dem frisch geschlachtetem Fleisch. Der Geruch treibt die Handvoll ausländischer Touristen schon bald auf einen Hügel, zu einem Viehmarkt, der aus einem anderen Jahrhundert hierher versetzt zu sein scheint.

Giang Sao, ein Bauer, der zum Volk der Blumen-Hmong gehört, hat einen sechsstündigen Marsch hinter sich. Noch vor Tagesanbruch ist er losgezogen, das Tempo auf dem Weg von seinem Bergdorf zum Markt von Bac Ha hat La Chi bestimmt, sein Wasserbüffel. Über Jahre hat er ihm treue Dienste geleistet, und heute will Herr Sao ihn verkaufen, vermutlich an einen Fleischhändler, denn für die Arbeit im Reisfeld ist ihm La Chi keine große Hilfe mehr, zu alt und zu schwach ist er geworden.

Giang Sao baut daheim Reis, Mais und Maniok an, ein stärkereiches Gewächs, Grundlage für Mehl oder für das Bindemittel Tapioka, das in der vietnamesischen Küche eine fast so wichtige Rolle spielt wie in Südamerika oder Afrika. Vier Kinder, zwei Mädchen, zwei Jungen hat Herr Sao, zwischen sechs und zwölf Jahre alt, und alle müssen bei der Feldarbeit anpacken. Manchmal muss er dem Bürgermeister ein kleines „Strafgeld" zahlen, wenn er wieder mal die beiden Jungen aufs Feld statt in die Schule geschickt hat.

Freund Bao, unser Dolmetscher, hat einen Händler gefunden, der Saos Sprache spricht. Also geht das Gespräch vom Englischen ins Vietnamesische, von da in die Mundart der Blumen-Hmong und den gleichen Weg zurück. Ein Interessent prüft La Chi, den Büffel, auf den wohl nur noch die Schlachtbank wartet. Oder wendet sich sein Schicksal doch noch? Der Interessent, ein Kleinbauer aus der Umgebung von Bac Ha und kein Fleischgroßhändler, wie sich bald herausstellt, prüft die Zähne des alt gewordenen Zugtieres, ein Indiz, das er ihn noch gebrauchen will. Er tritt wie ein Doktor, der die Reflexe prüft, sanft gegen La Chis Beine, hebt mehrmals den Schwanz des Büffels an und drückt immer wieder seine abgearbeiteten Hände in dessen Rücken, alles Zeichen, das man zum ernsthaften Feilschen übergegangen ist.

Der Handel zieht sich hin, und wir schauen uns in der Nachbarschaft um. Pferde werden begutachtet, kleine Warzenschweine nach erfolgreichem Abschluss auf die Gepäckträger von Fahrrädern geschnallt. Hühner, Enten und auch Hunde wechseln zu Tausenden den Besitzer. Schnaps, aus Reis oder Mais gebrannt, fließt aus Kanistern und Colaflaschen, die raffiniert befestigt an vielen Gürteln baumeln. Rauch- und Dunstschwaden hängen über den Garküchen. Barbiere gehen ihrem Handwerk nach, auch Messerschleifer und Sargtischler.

Wie weit sind die Bemühungen von Herrn Sao gediehen? La Chi, sein betagter Büffel, wiegt gerade mal dreihundert Kilogramm, die Hälfte eines normal kraftvollen Arbeitsbüffels. Er misst an der Schulter anderthalb Meter und der Schwanz mit der lebensnotwendigen Quaste gegen Insekten fällt mit sechzig Zentimetern auch nicht gerade üppig aus. Das alles drückt den Preis. Herr Sao würde gern achtzehn Millionen Dong für das Tier erzielen, knapp siebenhundert Euro. Darüber kann der potenzielle Käufer nur lachen, er bietet zwölf Millionen. Dieses Angebot wiederum findet Herr Sao lächerlich.

Es wird spannend, und das Ergebnis fällt überraschend aus, nach immerhin zwei Stunden Plaudern,

Tee trinken und Handeln. Auch Bao, der aus einer Reisbauernfamilie stammt, hätte es so nicht erwartet. Denn der Kleinbauer aus dem Vorort von Bac Ha hat so viel Geld nicht flüssig. Aber er hat, was Herr Sao ohnehin mit nach Hause nehmen wollte: zwei noch sehr kleine Jungtiere, für die ihm sowohl der Platz im heimischen Gehöft als auch die Zeit fehlen, das notwendige Futter zu besorgen. Also tauscht man einfach die Tiere. Handschlag, zwei scharfe Reisschnäpse, dann machen sich alle Beteiligten auf den Heimweg. Mittag ist vorbei, und Herr Sao hofft, sein abgelegenes Dorf noch vor Einbruch der Dunkelheit zu erreichen.

Was hört man vom Taifun, Bao? Er tobt sich, so die letzten Nachrichten übers Handy, weit draußen vor dem Golf von Tonking aus. Wir beschließen, vor der Rückfahrt nach Hanoi noch einen Schlenker weit nach Osten zu machen, in die Bergwelt der Provinz Bac Can, in den Nationalpark Ba Be, Drei Seen heißt das. Die Gewässer sind von einem bewaldeten Karstmassiv gesäumt, Zufluchtsort für Bären und Languren, Heimat Hunderter exotischer Vogelarten und noch mehr Schmetterlings-Spezien.

Wer das Staunen noch nicht verlernt hat, wer seine Fantasie nicht zähmen mag, wird in dieser zum Teil unwirklich anmutenden Landschaft aus Bambushainen, wilden Feigenbäumen voller Früchte, Regenwäldern und Wasserfällen, durchzogen von gewaltigen Höhlen und einem Gewirr kleiner Flüsse eine Landschaft entdecken, wie sie zu Beginn der Schöpfung ausgesehen haben mag. Mit einem Boot dringen wir auf dem Nang-Fluss immer tiefer in die Wildnis ein. Manchmal stellt der Eigner den Dieselmotor für eine gute Weile ab. Dann wagen sich fliegende Fische an die Oberfläche, und mit ihnen begleiten uns für Minuten Kingfisher, blauschimmernde Eisvögel. Einbäume begegnen uns, gerudert von Fischern, die von Zeit zu Zeit ihre Netze auswerfen, und schmale Langboote, die immerhin bis zu vier Pferde transportieren. Aus den Felsen im Wasser wachsen gewaltige Bäume, deren Wurzeln sich in den Stein krallen.

Unsere Unterkunft, ein Gästehaus aus besseren Zeiten, ist so simpel wie fast überall in den Bergen. Nur in Sapa lassen sich Komfort und sogar Luxus genießen, ansonsten ist immer wieder Improvisation gefragt, bei der Klimaanlage, in der Dusche, bei der Beleuchtung. Beim Essen, mittags wie abends, heißt die Wahl Nudelsuppe oder gebratener Reis, Vietnams wundersam vielfältige Sattmacher. Die Verwaltung des Nationalparks, ein heruntergekommenes Holzhaus, ist besetzt mit einem Direktor und zwei Stellvertretern. Sie alle treffen wir jeden Abend im benachbarten „Restaurant", einer Kochstelle mit ein paar Tischen. Dort leeren sie, gemeinsam mit lautstarken Kadern aus der Provinzhauptstadt, viele Gläser schwarz gebrannten Fusels. Im „Sekretariat" liegen verstaubte Informationsbroschüren in vietnamesischer Sprache aus, stapelweise. Morgen, so verspricht der Direktor Abend für Abend, drei Tage lang, morgen wird er für englischsprachiges Material sorgen.

Die Reise, jetzt nach Südwesten, Hanoi entgegen, bleibt spannend. Eben noch auf kaum befahrenen Schmugglerpfaden an der chinesischen Grenze entlang, hoch über dem Kycung-Fluss, dann in einem Tempel im Städtchen Dong Dang eine Zeremonie, die wir nur schwer einordnen können. Auch Bao hat nie zuvor gesehen, wie sich eine Frau vor einem daoistischen Heiligtum immer wieder aufs Neue umzieht, sechsunddreißig Mal insgesamt, und sich dabei in Trance tanzt, angetrieben von drei Trommlern und dem rhythmischen Klatschen einiger Dutzend einheimischer Besucher.

Len Dong heißt dieses religiöse Spektakel. Die Tänzerin in ihren mal schwarzen, dann wieder grellbunten Seidenkleidern, gibt das Medium, so viel hat Bao herausfinden können, ein spirituelles Wesen, das den Kontakt zu den Ahnen herstellt. Manchmal trägt sie hohe Kapuzen zu ihren weiten Gewändern, dann wieder lässt sie ihre langen Haare fliegen. Zwischendurch zündet sie vor dem bunten Altar dicke Weihrauchstäbe an, dutzendweise, mindestens hundert in den zwei Stunden, die wir gebannt zuschauen.

Ein Familienclan hat die Zeremonie bestellt (und bezahlt, nicht zu knapp, wie Bao herausgehört hat). Einige Mitglieder der Sippe, es sind Vietnamesen und keine Montagnards, tragen klassische, festlich wirkende Kleider. Andere sind in Jeans, High Heels oder Sandalen gekommen, aus denen grün lackierte Fußnägel leuchten. Der Himmel wird angerufen, das Wasser beschworen, im nächsten Tanz die Berge gesegnet. Die Riten sollen wohl, meint Bao, den Verstorbenen die Tore zum Jenseits öffnen. Wenn im Tempel die Trommeln und die lautstarken Gesänge verstummen, wird der ganze Clan zu einem großen Festessen aufbrechen.

Wir treten die Rückreise an. Die Straßen werden breiter, aber noch immer liegt Reisstroh darauf, zum Trocknen und auch damit die Autoreifen die Spelzen „mahlen". In den Feldern neben dem Highway wird gedroschen, zum Teil nach alter Väter Sitte mit der Hand, an anderer Stelle mit Maschinen, die wie Ungetüme aus der Frühzeit der Industrialisierung aussehen. Noch fünfzig Kilometer bis zu den wuchernden Vororten der Hauptstadt. Die Häuser werden größer, zwei- und dreigeschossig. Die Fassaden in diversen Bonbonfarben täuschen zur Straße hin Wohlstand und eigenständigen Geschmack vor, aber es sind Potemkin'sche Villen, denn die restlichen Außenwände sind nur grob verputzt, die oberen Stockwerke zumeist noch nicht einmal fertig. Es wird gewöhnlich erst weiter gebaut, wenn wieder Geld in der Kasse ist, und Bürgermeister oder Behörden wollen auch geschmiert sein, denn vielfach wird ohne Genehmigung gebaut.

Hanoi. Schwüle Hitze nach der frischen Bergluft, Menschenmassen nach den Wochen der Ruhe und Abgeschiedenheit. Und doch ein Gefühl wie Heimkehr: Unser kleines, feines Hotel in der Altstadt. Die Dusche funktioniert, das Bett ist sauber. Danach ein paar Schritte durch die Gassen, und auf dem „Platz des guten Geschmacks" (Quan An Ngong heißt es auf vietnamesisch, ein riesiges, stets überfülltes Open-Air-Lokal) macht es Spaß, endlich wieder eine Speisekarte studieren zu können. Sechs Seiten umfasst sie, Fisch, Fleisch, Gemüse, Spezialitäten wie Klebereis mit dem Samen der Lotusblüte verfeinert, zartes Rindfleisch in Blätter des Betelpfeffers eingerollt oder Garnelen, auf Zuckerrohr gespießt und über Holzkohlenfeuer gegrillt … Alles, nur keine Nudelsuppe mehr, nicht an diesem letzten Abend.

Und was, Bao, ist aus dem Taifun geworden? Keine Sorge: Der Große Wind hat längst Kurs auf die Philippinen genommen, vor vier Tagen schon, und kein Schaufenster in der Metropole ist mehr mit Brettern vernagelt.

Otto E. Ehlers

Der Ritt ins Europäerviertel (um 1890)

Unser Marsch nach Hanoi wurde wesentlich erschwert durch einen nachmittags aufkommenden Sturmwind, der einen solch dichten Staub vor sich hertrieb, dass wir oft kaum zehn Schritte weit sehen konnten. Hie und da sah ich an der Landstraße Denkmäler, die dem Andenken gefallener französischer Truppen errichtet sind.

Endlich gegen vier Uhr befanden wir uns vor der etwa zehn Kilometer im Umfang messenden, gleich derjenigen Sontais Ende des 17. Jahrhunderts nach dem System Vauban erbauten Citadelle von Hanoi.

Nach etwa einer halben Stunde führte unser Weg durch die breiten, von ein- oder zweistöckigen Holz- und Steinhäusern gebildeten Straßen der Eingeborenenstadt, ehe wir zum Flusse gelangten, wo ich meine Dschunke mit dem Gepäck vorzufinden hoffte. Es gelang mir jedoch nicht, sie unter den zu vielen Hunderten vor Anker liegenden Fahrzeugen zu entdecken.

Ich ritt daher ins Europäerviertel, welches sich in der Hauptsache um einen reizenden See, den „Petit Lac", gruppiert, und fand in dem einfachen, hübsch gelegenen Hotel du Lac freundliche Aufnahme.

Nach oberflächlicher Säuberung meiner Kleider setzte ich mich an einen Tisch des zum Hotel gehörenden, die halbe Straße mit Beschlag belegenden Cafés, steckte mir eine Zigarette an und spielte den zivilisierten Menschen, so gut es ging. Man ist in Tonking derartig an Bassermann'sche Gestalten [gemeint ist wohl der Schauspieler Albert Bassermann, 1867–1952] gewöhnt, dass ich, da ich mir selber wie ein Landstreicher vorkam, in keiner Weise sonderlich auffiel.

Mit der Hauptstadt Tonkings hatte ich das Ziel meines Marsches erreicht, alle Sorgen, Entbehrungen, Strapazen und Gefahren lagen hinter mir, ich sollte nichts mehr mit obstinaten yunnanesischen Maultiertreibern, schmutzigen annamitischen Bootsleuten, trägen Soldaten und Spione witternden Offizieren zu tun haben, brauchte mich nicht mehr über von Vadiwal unterschlagene Enten- und Hühnerlebern zu ärgern, nicht mehr um Lebensmittel zu feilschen, Führer anzuwerben und als Quacksalber oder Hexenmeister aufzutreten. Ich war wieder angelangt in dem gewohnten Fahrwasser des zivilisierten Lebens und brauchte jetzt nur „garçon" zu rufen, mir die Speise- und Weinkarte bringen zu lassen und meine Wahl zu treffen. Die Zeit der Nahrungssorgen war vorüber. Es lässt sich nicht leugnen, dass nach viereinhalb Monate langem Wildnisleben auch die europäische Zivilisation ihre Reize hat.

Als Erstes bestellte ich mir eine halbe Flasche geeisten Champagners und ließ, in süßem Nichtstun daliegend, den ganzen Zauber der mir ungewohnten Umgebung auf mich wirken, musterte die vorüberrollenden Equipagen und deren nach neuester Pariser Mode gekleidete Insassen, erfreute mich an dem Anblick des vor mir liegenden Sees mit seinem tempelgeschmückten Inselchen, ärgerte mich über eine Pagode, die von den sonst so guten Geschmack bekundenden neuen Herren des Landes durch ein oben daraufgestelltes Standbild der Republik verunziert war, und setzte mich gegen Sonnenuntergang in eine Rikscha, um mich von einem flotten annamitischen Kuli um den See und durch die Hauptstraßen der Stadt rollen zu lassen.

Alles trug im Europäerviertel ein spezifisch französisches Gepräge, die Häuser mit ihren heruntergelassenen, bunt gestreiften Markisen, die Schaufenster der

Läden, die öffentlichen Gebäude im Renaissancestil, vor allem aber die Cafés, Restaurants und Klubs mit ihren auf die Straße gestellten Marmortischen, ihren herumlungernden Kellnern, Zeitungsjungen und Streichholzverkäufern, ihren Domino oder Schach spielenden Gästen. Hanoi, eine Stadt von im Ganzen etwa hundertfünfzigtausend Einwohnern, zählt nicht mehr als höchstens tausend Europäer, von denen aber mindestens fünfhundert allabendlich auf der Straße vor den Restaurants sitzen, während der größte Teil des Restes auf Wagen oder Rikschas auf- und niederfährt, sodass man unwillkürlich den Eindruck empfängt, sich in einer sehr viel größeren europäischen Kolonie zu befinden, als Hanoi sie nachweislich besitzt. Auch die Zahl der in Hanoi lebenden Chinesen ist man leicht geneigt zu überschätzen, da man den Söhnen des himmlischen Reiches auf Schritt und Tritt begegnet. Tatsächlich sollen sich in Hanoi nur tausendfünfhundert bis zweitausend Chinesen befinden. Den Annamiten in Bezug auf Fleiß, Unternehmungsgeist und Zuverlässigkeit weit überlegen, liegt in ihren Händen fast der ganze Detailhandel in abendländischen Produkten. Die europäischen Firmen Tonkings bedienen sich zur Abwicklung von Geschäften mit Annamiten ausnahmslos chinesischer Zwischenhändler und fahren weit besser dabei, als wenn sie mit den Annamiten direkt in Verbindung treten.

Aber auch von anderen Seiten wurden mir in Hanoi viele Liebenswürdigkeiten erwiesen, man hatte sich über den „espion“ beruhigt, empfing mich, wo immer ich anklopfte, in entgegenkommendster Weise, und die Presse des Landes widmete mir die anerkennendsten Artikel.

Die Tage in Hanoi vergingen in angenehmster Weise mit Besuchen, Festlichkeiten und Fahrten in Stadt und Umgegend.

Eine halbe Stunde von der Stadt entfernt liegt der zehn Hektar bedeckende Botanische Garten, in dem auf Versuchsfeldern Tee, Kakao, Kaffee, Baumwolle und so weiter angebaut werden. Gelingt es den Gärtnern, hier eine Anzahl Pflanzen bei sorgsamster Pflege zu leidlicher Entwicklung zu bringen oder auch nur wenige Jahre am Leben zu erhalten, so wird sofort die große Reklameposaune geblasen, und in allen französischen Blättern erscheinen spaltenlange Artikel über die großartige Zukunft der Tee-, Kaffee- oder Kakaokultur in Tonking. Ja! Das Gedeihen einiger Dutzend Teesträucher im Botanischen Garten zu Hanoi genügt vielleicht schon in Paris, die Erhöhung der Zölle auf chinesischen oder indischen Tee zugunsten des Produktes in der eigenen Kolonie ernstlich in Erwägung zu ziehen.

Keinen Morgen unterließ ich es, die Märkte im Innern der Stadt zu besuchen und einige Stunden durch die Straßen des Eingeborenenviertels zu schlendern, die durchweg so sauber gehalten sind wie in wenigen Städten Europas. Sämtliche Straßen sind mit Kanalisations- und Beleuchtungsanlagen versehen, breit und luftig angelegt und makadamisiert [befestigt]. Hier haben die Franzosen in verhältnismäßig kurzer Zeit etwas geleistet, worauf sie stolz sein können. Freilich sind ihnen bei ihren Regulierungsarbeiten zahlreiche Feuersbrünste zu Hilfe gekommen, denn die Häuser waren ehemals fast ausschließlich aus Holz gebaut und mit Gras gedeckt, sodass sie brannten wie Zunder. Die französische Stadtverwaltung verbot von vornherein den Wiederaufbau von Holzhäusern und gestattete nur die Errichtung von Steinbauten, sodass, als ich in Hanoi weilte, letztere bereits in überwiegender Mehrheit waren. Jetzt dürften wohl kaum noch Holzbuden in der inneren Stadt zu finden sein; denn bis Ende des Jahres 1892 sollten sie sämtlich Neubauten Platz gemacht haben.

Wie in den meisten chinesischen Städten, so hat auch in Hanoi jedes Handwerk, jeder Handelszweig seine besondere Straße. Hier wohnen die Schuhmacher, dort die Töpfer, in einer dritten Straße die Seidenhändler, in einer vierten die Musikinstrumentenmacher und so weiter. Auf den Märkten sah ich vortreffliches Gemüse und Obst, die verschiedensten Arten Seefische, frisch, getrocknet oder mit Salz eingestampft, Schweinefleisch, Rindfleisch, Geflügel und – Ratten, die bei den Annamiten als Leckerbissen gelten und mit zwei Cents gleich sechs Pfennigen das Stück verkauft wurden. Dass auch an Elend aller Art, an Bettlern und Krüppeln kein Mangel herrscht, versteht sich bei einer Stadt des Orients von selbst. Im Allgemeinen lässt es sich leidlich in Hanoi leben, besser jedenfalls als in so manchem anderen Platze in den Tropen. Hat doch Tonking sogar seinen Winter, kann es doch zuweilen so kalt daselbst werden, dass man die sonst als Zimmerschmuck dienenden Kamine zu dem benutzt, wozu sie von Rechts wegen bestimmt sind, zu Feuerstätten. Freilich frieren tut es nicht gerade hierzulande, aber es kommt doch vor, dass das Quecksilber auf plus sieben Grad Celsius sinkt, und das genügt dem im Sommer zuweilen unter vierzig Grad schmorenden Europäer schon, sich als Eskimo zu fühlen und als solcher seines Lebens froh zu werden.

Man geht neuerdings mit dem Gedanken um, in Hanoi sowohl Wasserleitung wie elektrisches Licht einzuführen. Gegen erstere wäre durchaus nichts einzuwenden, da sie der ganzen Bevölkerung der Stadt zugutekäme, anders ist es mit dem elektrischen Lichte, zumal zu dieser Anlage die Provinz, deren Bewohner doch schließlich nichts davon haben, ihre Hauptstadt elektrisch beleuchtet zu sehen, zwölftausend Dollar jährlich beisteuern soll. Das gefällt begreiflicherweise den Leuten nicht.

Georg Wegener
In der Drachenbucht (um 1920)

In der Morgenfrühe brach ich von Haiphong auf. Mein Schiffchen durchmaß erst in fünfstündiger Fahrt das Geflecht der Deltakanäle. Dann gewannen wir das Meer und hielten auf die Insel Cacba zu. Je näher wir ihr kamen, umso mächtiger und düsterer wuchs sie empor, für das Auge von ihrer Umgebung untrennbar; die gesamten Felswände vor uns erschienen wie ein einziger, ungeheurer, schwarzblauer Block. Schwere Wolkenmassen lagen geballt über ihrer Oberfläche; die höheren Teile verschwanden in ihnen. Beim Näherkommen sahen wir, dass dieser Felswall sich mit gegen zweihundert Fuß hohen Abstürzen fast oder ganz senkrecht aus der See erhob. Auch jetzt noch erschien er starr geschlossen, ohne irgendeinen Durchlass anzuzeigen; es war, als wollte unser Schiffchen mit dem Kopf durch die Wand rennen. Erst als wir ganz dicht heran waren, begann das Gebilde sich zu gliedern; wie hohe Torpfeiler traten am Westende der Insel Cacba die Felsen auseinander und gaben einigen engen, fjordartigen Kanälen Raum. Wir tauchten hinein in eine der gewundenen Gassen, und alsbald schlossen sich hinter uns die Wände; auf stillem, dunklem Wasser glitten wir dahin zwischen hohen, schweigenden Mauern, die bald so dicht zusammentraten, dass man glauben konnte, die Schaluppe müsse sie auf beiden Seiten streifen, bald wieder rechts und links zurückwichen und kesselförmige Buchten und Winkel oder felsumkränzte Weiher bildeten. Das

Gestein der Wände bestand aus einem silbergrauen Kalk, dessen regelmäßige, meist in ungefähr fünfundvierzig Grad geneigte Schichtung klar, wie mit einem Messer abgeschnitten, zutage trat. Manchmal standen die Schichten auch fast senkrecht und waren dann durch das von oben zwischen ihnen eindringende Regenwasser in wunderlicher Weise zerblättert und verwittert, sodass sie aussahen wie altes zusammenstürzendes Gemäuer. Wo es irgend möglich war, hatte niedriges tropisches Buschwerk, insbesondere eine schmalblättrige Yuccaart, an dem Gefels sich eingenistet. Der Fuß der Wände zeigte überall, wo er dem Meere entstieg, eine vom Wasser eingeschliffene, äußerst gleichmäßig verlaufende Hohlkehle. Ihre Oberkante wurde zur Flutzeit von dem Meer erreicht; dann war die Hohlkehle verschwunden. Zur Ebbezeit lag die Kante zwei bis drei Meter über dem Wasser, und die Felsen hatten dann die Form jener mittelalterlichen Hausfronten, bei denen das obere Stockwerk über das untere vorspringt. Bei kleineren, freistehenden Gebilden sah das oft höchst sonderbar aus; sie erhoben sich mit einem verdünnten Fuß wie auf einem Stiel über dem Meer. Die Tiefe der Hohlkehle war verschieden; stellenweise dehnte sie sich weiter, als man schauen konnte, ins Innere. Oben waren die Felsen von der Verwitterung in der Art des Kalks zu wilden und äußerst scharfen Scharren und Schratten zernagt, denen man von unten schon ansah, dass eine Wanderung auf ihrer Oberfläche unmöglich sein musste.

Dies Ganze schien während des Durchfahrens von einem geheimnisvollen Leben erfüllt, denn unaufhörlich verschoben und wandelten sich die Formen und Ausblicke; keinen Augenblick bot sich dasselbe Bild, Spalten und Kanäle öffneten sich mit grünlich dämmernden Hintergründen und schlossen sich wieder, schroffe Felsennasen schoben sich vor oder wichen zurück, um neuen Gebilden Raum zu geben. Oftmals begegneten wir kleinen einheimischen, fremdartig aussehenden Fischerbooten, die an den senkrechten Wänden rudernd entlangglitten, hinter den Ecken auftauchten oder wieder verschwanden. Zeitweilig türmte sich auf den Höhen der Wände eine wilde Felsenwelt übereinander, die in düsterem Gewölk verschwand; zeitweilig bot sich am Ende längerer Korridore, zwischen blauer und blauer werdenden Bergkulissen rasch vorübergleitend, eine Aussicht aus dem Felslabyrinth auf weite, lichtblaue Wasserflächen, aus denen sich einzelne Klippen mit scharf gezeichneten Umrissen erhoben. Das Befremdendste war, dass nirgends herabgefallenes Blockgetrümmer den Fuß der senkrechten Wände umgab, wie man doch von der Arbeit uralter Verwitterung, wenn sie dies Labyrinth geschaffen, hätte erwarten müssen; glatt und reinlich entstiegen die Felsen überall dem Wasserspiegel wie die Mauern venezianischer Paläste, sodass es aussah, als sei dies ganze fantastische Gassengewirr in der gegenwärtigen Form mit einem Male fertig von der Natur so hingestellt worden. Auch hatte der Kapitän keinerlei Sorge vor unter Wasser liegenden Klippen im Fahrwasser; solche gebe es hier nicht, sondern überall bilde ein weicher, gleichmäßiger Schlamm den Grund der meist nur wenige Meter tiefen Kanäle und Wasserflächen. Wie das Meer die langen Hohlkehlen am Fuß der Felsen augenscheinlich nur durch chemische Auflösung des Kalkes eingeschliffen hat, so scheint es auch alles hineinstürzende Gefels restlos aufzulösen.

Unser Auge war noch weit entfernt davon, in dem dicht gedrängten Gewirr von Felsen und Kanälen die Grundzüge ihrer Anordnung zu erfassen, als sie mit einem Male wieder auseinandertraten und wir auf eine große, freie Wasserfläche hinausschwammen. Der äußere Inselgürtel, der sich an die Insel Cacba anschließt, war durchquert; vor uns lag die Baie d'Along. Ein blauer See von wunderbarer Schönheit, etwa zehn Kilometer breit, im Norden von den weichgeformten Bergen des Festlandes begrenzt, auf allen übrigen Seiten aber von endlosen Scharen von Inseln derselben Art eingeschlossen, wie wir sie soeben hinter uns gelassen. In der Lufttönung der Ferne schimmerten sie tiefblau und geheimnisvoll herüber. Sie zeigten, dass das Felsenlabyrinth, das wir soeben durchmessen hatten, nur ein ganz geringer Teil, ein bescheidener Anfang der Wunderwelt gewesen war, die sich hier ausbreitet.

Eine Welt der Naturwunder ist es wirklich. Den heutigen und noch zwei volle Tage durchkreuzte ich sie mit meiner Jacht nach verschiedenen Richtungen unter der kundigen und unermüdlichen Führung meines Kapitäns, legte an, wo er mir riet oder wo eine Seltsamkeit mich selbst dazu reizte, durchstöberte das Gefels der Inseln, erklomm auf merkwürdigsten Pfaden ihre Oberflächen, durchkroch ihre Höhlen oder ließ vom ruhig gleitenden Schiffe aus die wunderlichen Gebilde über den hellen Wassern an mir vorüberziehen. Und immer Neues und Überraschendes bot sich dar. Mit vollem Recht trägt die „Insel der Wunder" ihren Namen, denn sie birgt in ihrem Innern eine der großartigsten und schönsten Tropfsteinhöhlen, die ich je gesehen habe. Im Hintergrund eines kleinen halbrunden Felsenzirkels liegt der vom Gestrüpp überwachsene Eingang zu ihr, auf etwa einem Drittel der Höhe der Felswand über dem Wasserspiegel, von Weitem kaum bemerkbar. Im Innern aber wölbt sich ein wunderbarer Dom von reinem, bläulichweißem Gestein, dessen Decke von den riesigen, schlanken Tropfsteinsäulen getragen zu werden scheint. Das stille, bläuliche Licht, das wie eine kühle Flut alles umfließt, taucht ihn in einen märchenhaften Schimmer. Zauberisch wirkt dies Licht, wenn man aus den mehrere hundert Meter noch ins dunkle Berginnere sich fortsetzenden Klüften, die wir mit Fackeln bis zu ihrem Ende durchkletterten, wieder zurückkehrt. Im Innern der hohen, reinlichen und trockenen Höhle hat der unberührte Tropfstein, der in der Form von gefrorenen Kaskaden überall die Wände bedeckt oder wie Büschel versteinerten Frauenhaars herniederhängt, im Fackellicht ein wunderbar reines, von einem rötlichen Hauch getöntes Cremeweiß.

Mit gleichem Recht trägt ihren Namen auch die „Insel der Überraschung". Hier wölbt sich hinter ganz ähnlich unscheinbarem und mit Gestrüpp verhülltem Eingang, den nur der Kundige findet, eine ebensolche Höhle. Doch sie öffnet sich nicht mit einem Male dem Besucher, sondern er betritt erst ein kleineres, verhältnismäßig unbedeutendes Vorgemach. Dann aber geht es durch einen dunklen Spalt im Hintergrunde, so eng und niedrig, dass er kaum den Durchlass gewährt. Plötzlich weitet er sich wieder, und nun stehen wir in einem wahren Riesengewölbe, das vielleicht nicht ganz so hoch wie die Eingangshalle der „Grotte des merveilles", aber noch viel weiter gespannt ist. Ein einziger mächtiger Tropfsteinpfeiler von ungeheurer Dicke hilft hier heute das Gewölbe zu tragen. Es ist von einer so kühnen Weite und Flachheit, dass man kaum versteht, wie es sich halten konnte, ehe jener Pfeiler gebildet war. Durch eine Öffnung flutet auch hier das Tageslicht hinein und erfüllt die Grotte mit dem magisch bläulichen Glanz. Und auch hier setzt sie sich in Spalten ins Innere des Berges fort. Ich folgte einem solchen ins Dunkel, bis nach einiger Zeit ein ferner Lichtschimmer einen zweiten Ausgang andeutete. Der Spalt führte schräg aufwärts. Auf äußerst schwierigem, schlotartig engem Kletterpfade ging es empor. Endlich öffnete er sich über meinem Haupte. Ich schwang mich hinaus und befand mich nun oben auf der Oberfläche der Insel. Oder vielmehr sah ich mich in einem trichterförmigen Felsringe, dessen Boden von den messerscharfen und stahlharten Kalkschratten gebildet war, die ein Weiterklettern ausschlossen. Eine üppige Wildnis von Busch- und Rankenwerk erfüllte den Kessel, über ihm wölbte sich die blaue Glocke des Himmels; eine fremdartige, totenstille, wunderbare Welteinsamkeit.

Bernd Schiller

Bonjour Dalat

Wir sind früh aufgebrochen in Saigon. Zum einen, um der Hitze zu entgehen, die sich in der Regel erst am Vormittag wie ein feuchtes Tuch über die Metropole des Südens legt. Zum anderen, weil wir die Landschaft auf dem Weg ins zentrale Bergland, entlang der Nationalstraße 20, ohne Zeitdruck genießen wollen: zum Beispiel Stauseen, die wie grün gerahmte Spiegel aus den Hügeln leuchten. Von diesen Reservoirs beziehen die sieben Millionen Einwohner Saigons einen Großteil ihres Trinkwassers. Flöße sind darauf verankert, mit Hausaufbauten, wie man sie sonst nur im Gewässer-Labyrinth des Deltas sieht: Bassins bilden Mittelpunkt und Zweck dieser Boote, es sind Käfige, in denen Süßwasserfische vieler Arten schwimmen, pausenlos abwechselnd gefüttert, gefangen und in Kanister verpackt, ein wimmelndes, nasses Spektakel.

Abstecher in den Cat-Tien-Nationalpark, Exkursionen mit Rangern durch Savannen und Sümpfe. Tiger und Leoparden soll es hier geben, sogar einige Exemplare einer endemischen Unterart des Javanashorns. Der lateinische Name *rhinoceros sondaicus annamiticus* deutet auf die historische Provinz Annam hin, die mittlere Region des alten Vietnams. Wir treffen nicht eine einzige Großkatze und schon gar nicht das legendäre Einhorn, das ganz sicher zuletzt 1988 gesehen und seither nur noch wie das Ungeheuer von Loch Ness wahrgenommen wurde. Aber sein Name passt gut zu unserem Ziel, zu unserem Unterfangen: Eine Zeitreise haben wir vor, eine Reise ins Herz des annamitischen Berglands, in die ehemalige Sommerfrische der französischen Kolonialherren.

Noch aber schlängeln wir uns über die viel befahrene N 20 in ein sanft ansteigendes Plantagenland. Gut fünf Kilometer erstreckt sich nach Westen hin zunächst ein Teeteppich, aus dem die Spitzhüte der Pflückerinnen wie gelbe Blumen aus einer Wiese ragen. Bananenfelder bis zum Horizont folgen, unterbrochen von Gemüsebeeten, und dann dominiert Kaffee die Landschaft und sogar die Straße. An ihren Rändern und auf den Terrassen der Häuser links und rechts liegen die Früchte auf Plastikfolien zum Trocknen aus. Es sind vorwiegend Kleinbauern, Hunderttausende, die zum großen Geschäft beitragen. Zwar haben die Franzosen den Kaffeebaum in ihrer fernöstlichen Kolonie schon im neunzehnten Jahrhundert erstmals angepflanzt, aber erst in den letzten fünfundzwanzig Jahren hat sich Vietnam nach Brasilien zum zweitgrößten Kaffee-Exporteur der Welt entwickelt; Deutschland ist sein wichtigster Kunde.

Im Tee- und Kaffee-Zentrum von Bao Loc schlürfen wir ein, zwei Tässchen des vietnamesischen Hochland-Kaffees. In dieser beliebten Raststätte für Touristen und Lkw-Fahrer wird er kostenlos ausgeschenkt, eine Art Promotion für das neuerdings so wichtige Ausfuhrgut. Die Regierung will auch die einheimische Bevölkerung stärker auf den Kaffeegeschmack bringen. Und tatsächlich gilt es zumindest in den großen Städten und dort vor allem bei den Jüngeren als fortschrittlich, Kaffee zu bestellen. Vietnamesische Coffeeshops halten locker Schritt mit Starbucks. Ironie der Geschichte: Die Cafés der Trung-Nguyên-Kette sind inzwischen sogar in Amerika absolut angesagt.

Zurück an die N 20. Es ist Ende November, hohe Erntezeit. Bauer Duong setzt sich zu uns ins Rasthaus von Bac Lo; er war mit einigen Helfern bei der

Sammelstelle, wo er eine Fuhre mit Säcken roher Bohnen abgeliefert hat, das Ergebnis der letzten Tage. Seine ganze Familie, Kinder, Onkel, Tanten, ist derzeit im Einsatz. Die Arbeit ist schwieriger, der Ertrag geringer geworden. Und auch die Landschaft verändert sich in dieser Region, zum Teil sogar dramatisch.

Wohl sind die guten natürlichen Bedingungen gleich geblieben: der richtige Boden, viel Sonne, viel Regen. Aber die Sträucher des am weitesten verbreiteten Kaffees Robusta dürfen nicht im Schatten stehen; viel Wald ist deshalb auf den annamitischen Hügeln abgeholzt worden, Erosion droht. Jetzt, so erzählt Duong, sollen die Bauern mithilfe ausländischer Experten auf Arabica umstellen, eine Kaffeesorte, die mehr Schatten verträgt. Ein harter Weg liegt vor Duong. Deutsche Entwicklungshelfer der Gesellschaft für Technische Zusammenarbeit (GTZ) unterstützen ihn und seine Kollegen dabei.

Wasserfälle säumen über Stunden unsere Route, idyllisch eingebettet in eine Dschungellandschaft von exotischer Schönheit: Flammenbäume, Tulpenbäume, blühende Kakteen leuchten aus dem tiefen Grün. So wird es auch ausgesehen haben, als sich der Schweizer Arzt und Bakteriologe Alexandre Yersin im Sommer 1893 mit einigen Gefährten von der Küste hoch zu Ross durch die Wildnis schlug. Eine Straße ins Bergland gab es noch nicht. Begeistert von der Landschaft, die er mit einem Garten Eden verglich, und der milden Höhenluft empfahl der Schweizer Forscher mit dem französischen Pass, aus dem Dorf „am Fluss der Lat“, so die wörtliche Bedeutung des Ortsnamens Dalat, einen Kurort zu entwickeln. Die Lat waren ein kleiner Volksstamm, eine von zahlreichen Ethnien, die früher das zentrale Bergland bewohnten.

Es dauerte nur ein paar Jahre, bis hier in tausendfünfhundert Meter Höhe um die Wende zum zwanzigsten Jahrhundert eine „französische“ Siedlung entstand, ein Fluchtziel für die koloniale Oberschicht während der heißen Monate. Sie lebten wie Gott in Frankreich, in elsässischen Häusern, in provenzalischen Villen, sie machten ihr Spiel in Casinos mit Pariser Chic, sie führten ihre Garderobe in Hotelsalons mit gepflegter Musik aus, sie genossen ein Speiseangebot mit dem Besten aus zwei Welten. Aber sie blieben ganz bewusst unter sich. Einheimische waren nur als Personal zugelassen. Die Engländer hatten es ihnen mit ihren hill stations für die Pflanzer, Beamten und Militärs vorgemacht, mit einem Clubleben wie zu Hause, mit Rennbahnen und sogar Warenhäusern wie in merry old England: im nordindischen Shimla, in Nuwara Eliya auf Ceylon, in den Cameron Highlands auf der malaiischen Halbinsel, überall in den entlegenen Welten, in denen das Empire den Union Jack gehisst hatte.

Yersin, dem Forscher, war es freilich weniger um das gesellschaftliche Flair als vielmehr um das gesunde Klima gegangen. Sein Leben war der Seuchenbekämpfung gewidmet. Er hat den Erreger der Pest entdeckt, eine Bakteriengattung, die nach ihm benannt wurde. Aber auch auf anderen Gebieten hat sich Alexandre Yersin für immer und ewig um Vietnam verdient gemacht. Seinen Anregungen ist zu verdanken, dass in Indochina Kaffee angepflanzt wurde, Kautschuk und der Chinarinden-Baum, aus dessen Rinde Chinin hergestellt wird, über Jahrzehnte das wichtigste Mittel zur Malaria-Bekämpfung.

Bis heute ist Yersin, der 1943 in Nha Trang starb, in ganz Südvietnam unvergessen. Straßen und Schulen sind nach ihm benannt, in Nha Trang und noch viel mehr in Dalat, auch ein Gymnasium im Kurort, das als Licée Yersi einst die Eliteschule ganz Indochinas war. Nach seinem ersten Aufenthalt und seinen schwärmerischen Berichten in Saigon und Hanoi ging es mit Dalat rasch voran: Straßen erschlossen die Bergregion, 1907 eröffnete eine erste, eher schlichte Herberge, nach 1922 stand das Grand Hotel „Lang Bian Palace“ im Mittelpunkt der kolonialen Hautevolee.

Sechs Jahre war an diesem ersten Steinhaus von Dalat gebaut worden.

Inzwischen zieht das Haus, das seit 1995 „Sofitel Dalat Palace" heißt und zur französischen Hotelkette Accor gehört, verwöhnte Gäste unterschiedlicher Art an: Reisende, die überall auf der Welt Hotels mit großer Vergangenheit buchen, wohlhabende Vietnamesen, die erleben wollen, wie es damals war, im alten Französisch-Indochina, und nicht zuletzt Flitterwöchner aus der neuen Oberschicht: Dalat hat sich zum Lieblingsziel vietnamesischer Hochzeitsreisender entwickelt.

Staunend, lächelnd, nicht selten sogar mit einem Hauch von Ehrfurcht wandeln sie durch die prunkvollen Räume des Palasthotels. Zimmermädchen mit weißen Häubchen und in blütenweißer Schürze über schwarzen Kleidern huschen lautlos durch die Flure, Floristinnen stecken frische Blumen in die hohen Vasen. Allein zehn Patissiers bestücken zu jeder Tageszeit die Etageren im Restaurant mit frischen Köstlichkeiten.

Le Thi Minh Nguyen hat 1991 in diesem Haus als Assistentin am Empfang begonnen. Damals kamen vor allem Parteikader, nur hin und wieder ein paar neugierige Japaner. Heute gibt Le Thi zwar noch immer die schweren Zimmerschlüssel aus – nein, natürlich keine Chipkarten –, aber sie leitet darüber hinaus den gesamten Servicebereich außerhalb der Restaurants, für dreißig von über hundert Mitarbeitern ist sie verantwortlich.

Das „Palace" thront hoch über dem Xuan-Huong-See. Der hieß zu Zeiten der Franzosen Grand Lac, bis er vor etwa fünfzig Jahren nach einer vietnamesischen Dichterin aus klassischer Zeit umbenannt wurde. Man geht nicht, man schreitet die breite Freitreppe hinab. Oder auch nur bis zur halben Höhe, wo ein stets frisch gewienerter Citroën, mindestens sechzig Jahre alt, auf Flitterwöchner wartet. Im „Rabelais", dem Restaurant des Palasthotels, tafeln Feinschmecker aus aller Welt. Das Ambiente spiegelt das alte Europa, ein bisschen Louis-quatorze, ein bisschen spätes Queen Victoria. Französische und vietnamesische Delikatessen stehen auf der Menükarte und very british wird der High Tea am Nachmittag zelebriert. In der Weinstube werden die edelsten und teuersten Tropfen aus dem Mutterland des guten Geschmacks in feiner Clubatmosphäre verkostet.

Es kann sehr kalt werden in den Bergen von Dalat, vor allem am Abend. Wir lassen deshalb nach dem Digestif den Kamin anheizen. Der Hausknecht, der das besorgt, erzählt uns in einer Melange aus Französisch und Englisch, dass hier, in unserem Zimmer 101, im Frühjahr 1946 zwei Monate lang General Vo Nguyen Giap gewohnt hat. Damals haben im Palasthotel Delegationen der französischen Kolonialmacht und der kommunistischen Liga für die Unabhängigkeit Vietnams (Viet Minh) getagt. General Giap war Chef der einheimischen Abordnung, jener General, der den Franzosen Jahre später, am 7. Mai 1954, die Niederlage von Dien Bien Phu beibrachte. Es war die bitterste Stunde der Grande Nation nach dem Zweiten Weltkrieg, es war das Ende von Französisch-Indochina.

Auch über den Golfplatz, der als edelster im ganzen Land gerühmt wird, weht der Hauch einer vergangenen Epoche. Der letzte Kaiser hat das Green um 1932 anlegen lassen, nach einem Besuch in der Normandie, wo er das Putten kennen- und lieben gelernt hatte. Es waren zunächst nur sechs Löcher, die Bao Dai und seine Entourage bespielten. Nach 1945, als der Günstling der Kolonialmacht nach Hongkong und später nach Frankreich umzog – noch bis 1955 war Bao Dai nominelles Staatsoberhaupt von Südvietnam –, verfiel der Platz. Die spätere Umgestaltung zum Achtzehn-Loch-Platz von heute passt wiederum zum Mythos von Dalat. Es war ein Multimillionär aus Amerika, Larry Hillblom, einer der Gründer des Paketversands DHL, dem das Klima in Dalat und die einheimischen Mädchen so gut gefielen, dass er den Golfrasen im abgelegenen Zentralgebirge von Vietnam auf Weltklasse trimmen ließ. Dieser Larry Hillblom lebte ohnehin auf Hollywood-Niveau, erwarb Schlösser, Fluggesellschaften und Hotels in aller Welt. Beim Absturz eines von ihm gesteuerten Wasserflugzeugs in der Südsee kam er 1995 ums Leben, ein paar Tage vor der Eröffnung des „Palace", das ihm seinerzeit auch gehört hatte.

Das ist der Stoff, aus dem die Legenden um Dalat gestrickt sind. Dazu gehören die neu verputzten und aufgehübschten Villen aus der Kolonialzeit, an denen der Kurgast von heute auf Boulevards entlangbummelt, und erst recht das Refugium des Kaisers Bao Dai. Der Monarch, der letzte aus der Nguyen-Dynastie, war ein Lebemann, der sich lieber an der Côte d'Azur aufhielt, als sich zur Befreiung seiner Landsleute zu bekennen. Das hindert keinen der vietnamesischen Touristen von heute, sich genüsslich das Schlafzimmer der kaiserlichen Konkubine im Palast hoch über Dalat anzuschauen und den Holzzuber zu bestaunen, in dem der machtlose Herrscher einst gebadet hat.

Als die Franzosen nach 1949 einen letzten Versuch unternahmen, Vietnam mit halbwegs friedlichen Mitteln – zu ihren Bedingungen und Gunsten – zu stabilisieren, ernannten sie Bao Dai zum Staatschef der Landesteile Annam und Cochinchina, der Mitte und dem Süden. Der Kaiser von Frankreichs Gnaden holte sich ausgerechnet Ngo Dinh Diem als Berater an seine Seite, einen autoritären Politiker aus vornehmer katholischer Familie in Hue – sein Bruder war dort Erzbischof. Genau dieser Diem, der später zum Diktator von Südvietnam wurde, bis ihn die Amerikaner fallen ließen, bezog den kaiserlichen Palast von Dalat, als Bao Dai enteignet und ins Exil nach Frankreich gedrängt worden war. Genießen konnte Diem seinen Sommersitz nicht sehr lange; Ende 1963 wurde er von Putschisten hingerichtet.

Wir sitzen im Café de la Poste, dem ehemaligen Postamt, genießen die besten Croissants der Stadt und plaudern mit einem Veteranen der Fremdenlegion. Der alte Herr war in Dien Bien Phu dabei, er entspricht so gar nicht dem Bild des tumben Legionärs. Monsieur Jean, so sollen wir ihn nennen, ist über achtzig und freut sich über die Entwicklung Vietnams. Tonkin, den herben Norden, wo er vor fünfundfünfzig Jahren stationiert war, meidet er. Er kommt lieber, und das schon seit ein paar Jahren, für vier, fünf Wochen in den Süden, hat einheimische Freunde, mit denen er Boule spielt und die Weltgeschichte wieder und wieder aufrollt.

Er erzählt vom Markt, den wir sehen müssten, von der Blumenpracht, die es dort zu bestaunen gibt, von den Erdbeeren, die seine Landsleute hier oben eingeführt haben, von der besten Marmelade ganz Vietnams, die man nur in Dalat bekäme. Manchmal, so sagt er mit einem feinen Lächeln, stifte er in der Kathedrale Notre Dame, gleich neben dem Novotel, ein paar Dong und zwei, drei Kerzen für die Gefallenen von Dien Bien Phu, für alle, wie er betont, auch für die Gegner von einst. Siebzig bunte Glasfenster, in Grenoble geschliffen, können die Düsternis des katholischen Gotteshauses aus der Kolonialzeit nicht aufhellen, eher schon die Kerzen, die Leute wie unser alter Franzose anzünden.

Geschichte, Geschichten, Legenden. Noch einmal treffen wir Monsieur Jean, diesmal am alten Bahnhof der Blumenstadt. Zwischen 1930 und 1964 schnaufte von hier eine Dampfbahn über etwa achtzig Kilometer nach Thap Cham, nahe der Küstenstadt Phan Rang. Von dort reiste die feine Gesellschaft aus Saigon in dick gepolsterten Luxuswagen über die Berge, ein angemessener Auftakt für die heiteren Tage in der Sommerfrische.

Wenig ist geblieben, was Eisenbahnfreaks anlocken könnte. Eine Lokomotive und drei Waggons stehen im

Abseits. Manchmal soll eine Art Spielzeugzug ins Dörfchen Trai Mat zuckeln, sieben Kilometer entfernt. Tatsächlich hängt ein vergilbter Fahrplan aus, und ein Schild besagt, dass die Kleinbahn immer dann abfährt, wenn sich wenigstens fünf Passagiere eingefunden haben. Heute sind es mit uns und mit Monsieur Jean sogar sechs, die gern ein Stück in die Vergangenheit fahren würden. Aber es findet sich kein Lokführer ein und auch kein Kondukteur. Die Stationsuhr zeigt stets dieselbe Zeit an.

Alles, so scheint es, ist an der Ga Dalat, Vietnams ältestem Bahnhof, irgendwann einmal stehen geblieben: der Zug auf dem Abstellgleis, die Uhr und die Zeit.

Alice Blohmann
Das Fruchtbare

Zahllose Barken tuckern über die ebenso zahllosen Flussarme, die die tiefgrüne Landschaft durchziehen. Was für den Rest Vietnams das Fahrrad ist, übernimmt hier das Boot: Fortbewegungsmittel, mobiler Verkaufsstand und den Transport aller nur erdenklichen Waren. Auf beiden Seiten säumen Hütten aus Stroh und Bambus das Ufer, und ab und zu geben dichte Palmenwälder und meterhoher Bambus den Blick auf das üppige Hinterland frei. Hier im Mekong-Delta, nur ein paar Kilometer südlich von Saigon endet das rastlose Treiben einer boomenden Großstadt und es beginnt eine Reise in die Vergangenheit. Ohne Hektik ziehen zufrieden wirkende Wasserbüffel den Pflug durch die Felder, gackernde Entenscharen werden von ihren Hirten in Bewegung gebracht und Frauen, die bis zu den Knöcheln im Wasser stehen, pflanzen Reissetzlinge auf die Felder.

„Fluss der Neun Drachen", Song Cuu Long, so nennen die Vietnamesen den Mekong wegen seiner unzähligen Arme und Nebenarme. Sein fast vierzigtausend Quadratkilometer großes Delta zählt mit zu den fruchtbarsten Regionen der Welt und fast alles dreht sich um das Anbauprodukt Nummer eins, den Reis. Mehr als die Hälfte der eigenen Agrarproduktion und fast die gesamte Produktion für landwirtschaftliche Exporte werden hier geerntet, insgesamt zehn Millionen Tonnen. Die reichen Ernten verdankt das Delta der etwa eine Million Tonnen fruchtbaren

Schlicks, den der Mekong auf dem langen Weg von der südchinesischen Provinz Qinghai bis kurz vor die Mündung ins Südchinesische Meer mitbringt und im Delta ablagert. Nach jeder der bis zu drei Ernten im Jahr nehmen bis oben hin gefüllte Kähne Kurs auf den Flusshafen der Stadt Can Tho, den zentralen Umschlagplatz für Reis. Die größte Stadt des Deltas (dreihunderttausend Einwohner) unterscheidet sich kaum von denen im Rest des Landes, außer, dass von hier aus auf dem Wasserweg jeder noch so entlegene Winkel des Deltas zu erreichen ist, und dass hier eine junge, aber berühmte Universität zu Hause ist. Berühmt für das der landwirtschaftlichen Abteilung zugehörige Reisforschungszentrum.

Direkt am Fluss, hinter einer von Palmen, weißen Blumenkübeln und kleinen Ziergärten gesäumten Uferpromenade liegt der Markt. Schon in der Morgendämmerung wird hier alles verkauft, was man so zum Leben braucht: Elektrogeräte, Zuckerrohr, getrocknete Fische, Fahrräder, kleine Aale und Gemüse. Den Höhepunkt – in jeder Hinsicht – bildet allerdings der Stand eines jungen Vietnamesen. Auf einer Bank sitzend wacht er über einen vor ihm liegenden Berg grüner Igel, die nach einem Mischmasch aus faulen Eiern, verdorbenem Fleisch und Zwiebeln riechen, übergossen mit Terpentin. Es sind die bis zu drei Pfund schweren Durian-Früchte, Sâú Riêng, die diesen ekelhaften Geruch verbreiten. Fluggesellschaften verbieten den Transport der Stinkfrucht und bessere Hotels den Verzehr. Es kostet einige Überwindung, das butterfarbene Fruchtfleisch zu probieren, dessen Geschmack kurioserweise nichts mit dem Gestank zu tun hat. Ein bisschen Vanillepudding, etwas Mandel und ein Hauch Frischkäse haben die relativ fette und vitaminreiche Frucht zum „König unter den Südfrüchten" gekrönt.

Sobald die Sonne höher steht, wird es etwas ruhiger auf den Straßen. Ein großer Teil der Vietnamesen ist bei der Arbeit in einer der umliegenden Fabriken. Hier wird an Ort und Stelle verarbeitet, was die Region hervorbringt: Fisch und Garnelen werden tiefgefroren, Champignons und Ananas zu Konserven verarbeitet und aus Kokosfasern werden Matten geflochten.

Es ist Nachmittag, und so langsam kommt wieder Leben in die Stadt. In den vielen kleinen Straßencafés und am Sandstrand Bai Cat sitzen Touristen neben Einheimischen und trinken Bier oder ein Glas Xí muôi, ein für Südvietnam typisches Erfrischungsgetränk, aus leicht salzig eingelegten kleinen Pflaumen, mit Eis und Zucker vermischt [...]. Die ideale Überbrückung bis zum Abendessen ist frischer roher Fisch, der häppchenweise und zusammen mit Minze, Salat, Ananas- und grünen Bananenstückchen in Reispapier eingewickelt wird und anschließend in Nuoc mam [...] getunkt wird.

Ein paar Kilometer kanalabwärts liegt Phung Hieb, dessen schwimmender Markt täglich Hunderte von Sampans anlockt, die flachen und überdachten Ruder- oder Segelboote. Die hier zusammenlaufenden Wasserstraßen machen den Ort zu einem der wichtigsten Handelszentren im Delta. Auf wackligen Lastkähnen wird stehend all das durchs Wasser manövriert, was sonst auf dem Cyclo oder in den an der Schultertragestange hängenden Flechtkörben transportiert würde. Einige der Boote tragen eine nicht ganz so harmlose Fracht: lebende Kobras und andere Schlangen als aphrodisierende Zutat für den Schlangenschnaps oder auf direktem Weg in den Kochtopf. Gekochte Kobra ist in dieser Gegend eine Delikatesse, die sehr wohlschmeckend sein kann und von der Konsistenz her an Hühnchen erinnert, deren Genuss aber offiziell verboten ist.

Ein bis obenhin mit billigen, bunten Plastikartikeln gefüllter Holzkahn ignoriert das geschäftige Treiben auf dem Markt und steuert direkt auf Cao Dao zu, die Hauptstadt von Vietnams südlichster Provinz Minh Hai. Der Weg dorthin führt entlang eines schnurgeraden, fast mit dem Lineal gezogenen Kanals. Vorbei an Stelzenhäusern, die so dicht an der Fahrrinne liegen, dass man die zum Trocknen hinter dem Haus aufgehängte Wäsche zählen kann. Unter Affenbrücken hindurch, die nicht viel mehr sind als ein paar Bambusstangen oder ein Baumstamm, die aber die einzige Möglichkeit sind, das Wasser zu überqueren. Brücken gibt es bis heute keine, auch nicht über die beiden breiten Hauptarme. Das macht das Fortkommen auf dem Landweg so beschwerlich. Es gibt zwar Fähren, aber die Wartezeiten an den Anlegestellen sind so lang, dass das Boot letztendlich doch schneller ist.

Unter den feuchtwarmen und manchmal leicht modrigen Geruch mischt sich hin und wieder ein leicht süßlicher und nach verbranntem Holz riechender Duft. Der Auslöser sind am Ufer stehende Meiler, in denen die Schalen der Kokosnüsse verkokst werden. Hier im Delta wird alles verarbeitet, was die insgesamt vierzigtausend Hektar Kokoswälder hergeben. Aus den Blättern und Stämmen wird Bauholz gemacht, in Seilereien werden Fasern produziert und Ölmühlen und Konfekthersteller verarbeiten das Fruchtfleisch.

Die Fahrtgeschwindigkeit ist langsam und das lässt genügend Zeit zu beobachten, was am Uferrand passiert. Wie auf Perlenschnüre aufgezogene Holzschachteln sehen die Dörfer aus. Die Geschäfte sind zur Uferseite hin geöffnet, von dort aus wird eingekauft und die Ware angeliefert und Kinder spielen am Wasser. Auf der kleinen Holzterrasse eines Restaurants sitzt eine Familie bei saurer Fischsuppe […] und einer Tasse Tee.

Je weiter der Mekong in Richtung Südchinesisches Meer vorankommt, desto salzhaltiger wird das Wasser. Zu salzig für den Reisanbau, aber gerade richtig für Shrimps. Unzählige Zuchtanlagen findet man hier zwischen den Mangrovensümpfen, deren reiche Ernte gleich an Ort und Stelle verarbeitet wird. Und verschifft. Zweiundvierzigtausend Tonnen gefrorene Shrimps exportiert Vietnam jährlich.

Ein paar Stunden später, Endstation Ca Mau. Rasch wird von schon am Hafen wartenden Männern die bunte Ladung auf kleinere Kähne verteilt, um damit auch die entlegenen Dörfer zu erreichen. Und umgekehrt wird das große Schiff wieder für die Märkte von Saigon beladen mit Produkten des Deltas, mit Reis, Holz und Zuckerrohr. Es fängt schon an zu dämmern, als das letzte Bund Zuckerrohr auf dem Dach festgemacht wird. Aber es ist noch zu früh, um den Tag schon zu beenden. Ein paar Schritte neben dem Anleger ist ein kleines Straßenrestaurant, eher eine Bar, dort sitzen die Bootsbesatzungen fast immer nach getaner Arbeit. Ein, zwei Bier und Tintenfische mit einem Dip aus Chilisoße.

Die zweite und nicht eben kalte Einliterflasche Tiger Beer wird gerade gebracht, zusammen mit einem Krug Eiswürfel. So wird das Bier auf eine annehmbare Trinktemperatur runtergekühlt und gleichzeitig der bei asiatischem Bier ohnehin niedrigere Alkoholgehalt noch etwas verdünnt. Eine Stunde und zwei weitere Flaschen später kommt der hagere Wirt wieder an den Tisch. Diesmal mit einer schmalen Flasche, die eine klare, durchsichtige Flüssigkeit enthält und darin etwas auf den ersten Blick Undefinierbares. Er schenkt jedem der Männer ein wenig ein, sie prosten sich mit einem lauten „Jo“ zu und leeren das Glas in einem Zug. Jetzt erst ist zu erkennen, was da in der Flasche schwimmt. Eine Schlange, eine sorgsam aufgerollte zwei Zentimeter dicke und vielleicht siebzig Zentimeter lange Schlange, deren weiß schimmernde Unterseite nur dann aufblinkt, wenn man ein bisschen an der Flasche schüttelt. Dieser Schlangenschnaps hat außer dem äußerst dekorativ wirkenden Reptil noch mehr zu bieten. Ginseng, Kräuter, Zitronenblätter und Galgantwurzeln. Das hört sich nach

Medizin an und als solche wird der Snakewine von den Vietnamesen auch behandelt. Das gesundheitsfördernde Elixier soll sich vor allem positiv auf die Potenz auswirken. Ein Glas scheint den Männern jedoch zu reichen, sie zahlen und holen ihre Fahrräder, die nebenan an einem Bretterzaun lehnen. Es ist kurz nach elf, und da der nächste Tag für sie schon in sechs Stunden beginnt, verschwinden sie rasch im Dunkel der Nacht.

Bernd Schiller

Die Suche nach dem „Liebhaber"

Eine ganze Weile schon, in der Zeit zwischen der windlosen Nachmittagshitze und den Böen, mit denen sich regelmäßig die Tropennacht ankündigt, hatte unser Boot stur auf eine Kette roter Lampions zugehalten. Sie schwankten und flackerten im Abendwind, aber sie leuchteten immerhin, wie wir wenig später sehen sollten, einen französisch anmutenden Boulevard wie eine Bühne aus, auch den breiten Grünstreifen am Wasser. Das namenlose Gewässer war nur ein Nebenflüsschen des Tien Giang, der aber ragt als einer von acht starken Armen des Mekongstroms in dessen Mündungsdelta. Wir waren unterwegs auf literarischer Spurensuche, unterwegs mit einer Reisbarke in einem der größten amphibischen Labyrinthe der Welt, das sich auf einer Fläche von der Größe der Niederlande über nahezu den ganzen Süden Vietnams ausbreitet.

Sa Dec hieß der Ort, und wir kannten ihn und seine schläfrig-schwüle Atmosphäre seit Langem, obwohl wir nie zuvor dort gewesen waren. In Sa Dec hat Marguerite Duras, die Grande Dame der französischen Literatur des zwanzigsten Jahrhunderts, einen Teil ihrer Jugend verbracht, noch im alten Indochina. Hier hat ihre Mutter die örtliche Schule geleitet – „sie hielt zehn Jahre lang durch" – und hier, in dieser für vietnamesische Verhältnisse so trägen Kleinstadt, verfiel um 1930 der chinesische Millionär Huynh Thuy Lé der Tochter, da war die gerade fünfzehn geworden.

Es sollte ein halbes Jahrhundert dauern, bis Marguerite Duras diese vor allem erotisch geprägte Beziehung mit einem doppelt so alten Mann, ihre Amour fou also, zu ihrem erfolgreichsten Buch verarbeitete. „Es verführt seine Leser … ohne Scham und ohne Stolz und ohne Koketterie", beschrieb Marcel Reich-Ranicki seinerzeit die „heikle Geschichte". Und hier in Sa Dec, das schon in der Kolonialzeit als „Garten von Cochinchina" galt und dessen Blumenreichtum sich bis heute nach Saigon und Dalat und ins Ausland verbreitet, hier vor allem hat Jean-Jacques Annaud 1991 Duras' Novelle „Der Liebhaber" unter gleichem Titel verfilmt, viele Szenen auch im Herrenhaus des Galans gedreht, in dem wir am dritten Tag unserer Barkenfahrt durchs Delta zu Abend gegessen haben.

Es ist eine düstere Villa, unbewohnt, wie es auf den ersten Blick scheint. Außen schwere Holztüren, von vielen Monsunstürmen angefault, innen eine merkwürdig feierliche Atmosphäre. Drei, vier schwache Lampen und einige Kerzen tauchen den Speisesaal in gelbliches Licht, so blass und vornehm wie die Seidentapeten. Der Tisch ist mit feinem Porzellan gedeckt, Stoffservietten rahmen Teller und Silberbesteck ein. Ein älterer Bediensteter trägt mit starrer Miene einen Fisch auf, Elefantenohr heißt der, die Spezialität der Region, dazu Reis und ein paar Scheiben Rindfleisch, beides so kalt wie der vietnamesische Weißwein aus Dalat. Danach werden tropische Früchte gereicht, zum Abschluss Tee, Kaffee und kandierte Süßigkeiten. Die Inszenierung wirkt wie ein Stück von Somerset Maugham oder Noël Coward. An den Wänden hängen vergilbte Fotografien aus der Familie des Liebhabers. Ein süßlich-schwerer Geruch und die Patina einer längst vergangenen Zeit hüllen Möbel und Stimmung ein.

„Er duftet nach englischen Zigaretten, nach teurem Parfum, er duftet nach Honig, seine Haut hat zwangsläufig den Geruch von Seide angenommen, den würzigen Geruch von Tussahseide, von Gold, er ist begehrenswert. Ich sage zu ihm, dass ich ihn begehre …" Das gar nicht so breite Bett, in dem sich das ungleiche Paar danach so oft und so leidenschaftlich geliebt hat, ist ebenso zu bestaunen wie ein Bonsai, von dem der ansonsten eher zurückhaltende Bedienstete behauptet, es sei noch genau jenes Bäumchen, das Madame Duras damals voller Zartgefühl gepflegt und gewässert habe.

Auf einer Fähre über den Mekong, nicht weit von diesem Haus entfernt, sind sie sich erstmals begegnet, das Schulmädchen und der Millionärssohn aus Nordchina, der damals mit seinem Vater in Sa Dec lebte. Der junge Herr saß im Fond des Wagens, „einer großen schwarzen Limousine mit einem Chauffeur in weißleinener Livree … In der Limousine sitzt ein sehr eleganter Mann, der mich ansieht, … kein Weißer … er trägt den hellen Tussahseidenanzug der Bankiers von Saigon."

Die vergilbten Fotos im chinesischen Clanhaus zeigen Huynh Thuy Lé in ähnlicher Aufmachung, einen ungewöhnlich hochgewachsenen asiatischen Schönling, dem man bis heute die Wirkung ansieht, die er auf das Mädchen gehabt hat: „Er sieht mich an. Ich bin es gewohnt, dass man mich ansieht … die Kleine mit dem Filzhut". Von diesem Moment an ist ihr dieser Mann, knapp dreißig Jahre alt, hoffnungslos verfallen. Später, in Saigon, als seine Limousine sie jeden Tag zum Gymnasium fährt und zum Internat bringt, wird er ihr sagen, er habe schon auf der Fähre gewusst, „dass ich die Liebe lieben würde … dass ich ihn betrügen würde, … dass ich alle Männer … betrügen würde."

Flussdampfer, Fährschiffe, Lastkähne und Barken befahren und queren bis heute die Gewässer des Deltas. Die Einbäume der Fischer und der Kinder auf dem Wege zur Schule pflügen durch Felder rot blühender Wasserhyazinthen. Schwimmende Märkte sind eine

Attraktion für die Besucher, vor allem aber sind sie Treffpunkte, Börsen und Supermärkte, Apotheken und Andachtsstätten der geheimnisvollen, der fernöstlichen Art. Auf Inseln und Inselchen und an den dschungelgrünen Ufern wohnen die Menschen in Palmblatthütten, in Holzhäusern mit Ziegeldächern, immer öfter in neueren Steinhäusern, die aber, wie die traditionellen Behausungen, auch meistens auf Stelzen gebaut sind.

Das Delta gilt seit der Franzosenzeit als Reiskammer Vietnams. Etwa dreißig Millionen Menschen, fast ein Drittel aller Vietnamesen, leben von der Fruchtbarkeit dieses Schwemmlands. Kanäle und Flussarme, weit verzweigte Adern des Mekong, sind ihre Heimat; dem Reisenden liefern sie die bunten Bilder, die er erwartet: Männer radeln ganz ruhig und mit gemessener Anmut über Deiche, einen Fisch quer über den Gepäckträger geschnallt. Kinder treiben Enten von einem Flüsschen in einen umzäunten Teich. Wasserbüffel ziehen den Pflug, hinter dem Männer staksend und voller Mühsal den Schlamm bearbeiten.

Junge Frauen im klassischen Hosenanzug, dem Ao Dai, streben pulkweise von den höheren Schulen in ihre Dörfer zurück. Die Alten hocken unter Palmen oder am Rande des Mangrovendickichts, rauchen, lesen Zeitung oder schauen auf den Fluss: Es sind typische Szenen aus Südostasien, Bilder aus exotischen Welten, die zu Zeiten der Marguerite Duras kaum anders ausgesehen haben. Hier, in diesen abschließenden Wassern des Mekong, mehr als viertausend Kilometer von seinen Quellen im Himalaya entfernt, „in der langen heißen Zone der Erde, kein Frühling, keine Wiederkehr …“, hier spiegelt sich der morbide Charme der Tropen, der ihrer Liebesgeschichte den Rahmen gibt.

Der Mekong, was für ein Fluss, was für ein Mythos: Geboren im tibetischen Hochland, mäandert er durch die chinesische Provinz Yünnan und weiter ins Goldene Dreieck zwischen Burma, Laos und Thailand. Über eine lange Strecke bildet er die Grenze zwischen Laos und Thailand, bevor er, nach Überwindung Tausender kleiner Inseln und Dutzender Wasserfälle, behäbig durch Kambodscha fließt, um sich schließlich in Vietnam ins Südchinesische Meer zu ergießen.

Er ist ein rätselhafter Strom. Die Wissenschaftler nennen ihn den „Fluss der tausend Arten", weil er zu den fischreichsten der Welt gehört. Die Menschen an seinen nördlichen Ufern sprechen von ihm voller Demut als der „Mutter aller Wasser" und als „Buddhas eigenem Fluss", denn vor allem in seinem mittleren Bereich ist er geprägt von Tempeln, Klöstern und Pagoden, die alle dem Erleuchteten gewidmet sind und deren goldene Spitzen aus dem Grün des Urwalds leuchten.

In Vietnam schließlich, dem Land, dem er nur zweihundertzwanzig Kilometer gönnt, breitet der Strom acht große Arme aus, die sich zu den Lebensnerven des Südens verzweigen. Acht Arme – und doch nennen die Vietnamesen das Delta des mächtigen Mekong den „Fluss der Neun Drachen". Sie haben ihm einfach einen Arm „angenäht", einen Drachen, weil diese Fabelwesen Glück bringen. Und wenn es neun sind, zählt das Glück sozusagen doppelt – anders als in China, wo die Acht das Maß aller glücksbringenden Dinge ist.

Auch Magie schwimmt mit in diesem Fluss, besonders auf dem letzten Teilstück von Kambodscha, dem Land der Khmer, bis hin nach Chau Doc auf vietnamesischer Seite, in die heimliche Hauptstadt des Deltas. Vor über zwanzig Jahren, auf meiner ersten Flussreise zwischen Phnom Penh und Vietnam, war ein Zauberer an Bord, ein junger Rucksackreisender aus Australien, der uns schon am Kai in der kambodschanischen Hauptstadt die Wartezeit verkürzt hatte mit seinen Späßen und Künsten. Nachmittags um drei sollte das Boot in Richtung Delta ablegen, um fünf war es noch nicht einmal zu sehen. Und als wir dann eine Stunde später, genau mit dem Einbruch der Dunkelheit, endlich lostuckerten, da begann der Motor schon bald zu stottern, und Ben, so hieß der Australier, sorgte alsbald wieder für zauberhafte Laune.

Die Grenzstationen auf beiden Seiten hatten fast alle Lichter gelöscht, als wir dort unsere Pässe abstempeln lassen wollten. Die Beamten, die wir mit einer Art Delegation aufsuchten, spielten lautstark Karten, offensichtlich schon seit Stunden, so betrunken wie sie waren. Sie hatten ja längst Feierabend und wollten deshalb auch die für uns so wichtigen Stempelkissen nicht mehr suchen. Aber die unglaublichen Tricks unseres Magiers, begleitet von einigen Proben aus den Reisweinflaschen der Uniformierten, zauberten nicht nur alle Asse aus den Ärmeln, sondern auch jene amtlichen Siegel in unsere Pässe, ohne die wir später nicht mehr aus dem Land gekommen wären.

Magie und Legenden im Überfluss transportiert also der Mekong, und er hat bis zum Delta in Vietnam, so sagt es Marguerite Duras, „alles zusammengerafft, was ihm seit dem Tonlesap, dem kambodschanischen Urwald, begegnet ist. Er nimmt mit, was kommt, Strohhütten, Wälder, Reste von Feuersbrünsten, tote Vögel, tote Hunde, ertrunkene Tiger und Büffel … nichts hat Zeit dahinzufließen … alles bleibt in der Schwebe auf der Oberfläche des machtvollen Stroms." Aber wir, in unserer Reisbarke mit den zwei offenen Kabinen, mit fünf Mann Besatzung, die uns umsorgen, mit einem Frühstücks- und einem Nachmittagsdeck für den Whisky zum Sonnenuntergang, wir gleiten in aller Ruhe durch Zeit und Raum, durch Wasserpflanzen und durch die Geschichte.

Zur Region gehören Sehenswürdigkeiten, deretwegen viele Besucher für nur einen Tag mit dem Bus aus Saigon anreisen: Schlangenfarmen und Fischzuchten, kleine Fabriken, die Bonbons aus karamellisiertem Reis kochen, Städte mit Chinesenvierteln, in denen man Opiumhöhlen vermuten möchte, schwimmende Dörfer der muslimischen Cham-Minderheit, die ein friedliches, abgeschiedenes Leben auf dem Wasser führt, Seidenstoffe von hoher Qualität verkauft und in schlichten Moscheen betet.

Die „Song Xanh“ (Blauer Fluss), unsere Reisbarke, schwebt vorbei an staubigen, verräucherten Ziegelfabriken, unter Brücken aus Bambus hindurch: Linker Hand Obstplantagen, Sternfrucht, Mango und Melonen, Durian, Guave, Pampelmuse und Papaya, der wohl fruchtbarste Garten der Welt. Rechter Hand Kolonien nie gesehener Wasservögel, deren Gefieder in der Sonne bunt aufleuchtet, wenn sie aufgeschreckt davonfliegen. Wir behalten noch lange Geräusche im Ohr, die keckernden Rufe der Geckos am Abend, das Geschrei der Zikaden, das Klingeln der Glöckchen aus den Kirchen, Tempeln und Klöstern hinter der grünen Uferwand, oder, noch vor Tagesanbruch, die flüsternden Stimmen unserer Bootsleute hinter dem Moskitonetz.

Wir geraten auf unseren Streifzügen an Land in Hochzeitsgesellschaften, zu deren Ehrengästen wir umgehend erklärt werden. Oder auf Dorffeste, wo jeder Teilnehmer sich nur zu gern mit uns fotografieren lassen will. Einmal sitzen wir, gut geschützt durch Planen, ein schweres Gewitter aus und einen Regen, der das Wasser ansteigen lässt, als seien alle Dämme gebrochen. Die Drachen, so sagten unsere Bootsleute, seien zornig geworden, nur die Götter wüssten warum. Und ein anderes Mal, als ich in einem schlichten Restaurant die Bambustür einer Toilette öffne, flattern mir drei aufgeschreckte Hühner entgegen. Wundersames Vietnam, prall-lebendiges Delta.

In Laos, auch am Ufer dieses großen Stroms, aber ein paar hundert Kilometer weiter nördlich, hat vor Jahren ein alter Mann zu mir gesagt, der Mekong fließe nicht nur durch halb Asien, sondern auch durch seine Adern. Das Bekenntnis entspricht einer prägenden Erinnerung von Marguerite Duras. Im „Liebhaber“ hat sie aufgeschrieben, was die Mutter ihr damals über die Neun Drachen prophezeit hatte: „Nie mehr im Leben würde ich so schöne Flüsse sehen wie diese hier, so groß, so wild wie den Mekong und seine Nebenarme.“

Graham Greene
Der Papst im Reisfeld

Mindestens einmal im Jahr feiern die Anhänger Caodais beim Heiligen Stuhl in Tanyin, achtzig Kilometer nordwestlich von Saigon, ein Fest zum soundsovielten Jahr der Befreiung oder der Eroberung oder sogar, um einen buddhistischen, konfuzianischen oder christlichen Festtag zu begehen. Die Religion Caodais war stets das Lieblingskapitel in meinen Kurzeinführungen für auswärtige Besucher gewesen: Der Caodaismus, die Erfindung eines Staatsbeamten aus Cochin, war eine Synthese der drei Religionen. Der Heilige Stuhl befand sich in Tanyin. Es gab einen Papst und weibliche Kardinäle. Weissagungen erfolgten mittels Schreibtäfelchen. Es gab einen heiligen Victor Hugo. Christus und Buddha blickten vom Deckengewölbe der Kathedrale herab auf ein Phantasiebild des Ostens im Stil Walt Disneys, auf Drachen und Schlangen in Technicolor. Neuankömmlinge waren von dieser Beschreibung stets entzückt. Wie hätte man ihnen die öde Leere der ganzen Sache erklären können? Die private Armee von fünfundzwanzigtausend Mann, bewaffnet mit Mörsern, die aus den Auspufftöpfen alter Kraftwagen hergestellt worden waren, Alliierte der Franzosen, die sich im Augenblick der Gefahr neutral erklärten? Zu diesen Feierlichkeiten, die dazu beitrugen, die Bauern ruhig zu halten, lud der Papst Mitglieder der Regierung ein (die auch erschienen, wenn die Caodaisten gerade an der Macht waren), das diplomatische Korps (das ein paar Zweite

Legationssekretäre mit ihren Frauen oder Freundinnen entsandte) und den französischen Oberbefehlshaber, der einen Generalmajor von irgendeiner Schreibtätigkeit abkommandierte und mit seiner Vertretung betraute.

Entlang der Route nach Tanyin ergoß sich ein rasanter Strom von Stabswagen und Autos mit dem Kennzeichen C. D. und an den exponierten Punkten der Straße hatten zu ihrem Schutz Fremdenlegionäre in den Reisfeldern Stellung bezogen. Dieser Tag bereitete dem französischen Oberkommando jedesmal einige Sorgen und den Caodaisten gab er eine gewisse Hoffnung, denn was hätte schmerzloser ihre eigene Loyalität unterstreichen können, als wenn ein paar prominente Gäste außerhalb ihres Territoriums erschossen wurden?

Nach jedem Kilometer ragte gleich einem Rufzeichen ein kleiner, aus Lehm erbauter Wachtturm aus den ebenen Feldern empor, und alle zehn Kilometer gab es ein größeres Fort, das von einem Zug Legionäre, Marokkaner oder Senegal-Schützen besetzt war. Wie auf den Einfallstraßen nach New York hielten alle Autos dieselbe Geschwindigkeit ein – und wie auf der Einfahrt nach New York hatte man auch hier das Gefühl einer mühsam beherrschten Ungeduld, während man den Wagen vor sich und im Rückspiegel das Auto hinter dem eigenen beobachtete. Jeder wollte Tanyin erreichen, sich das Schauspiel ansehen und so rasch wie möglich wieder nach Saigon zurückkehren: Um sieben Uhr abends war Ausgangssperre.

Aus den Reisfeldern des französischen Machtbereichs kam man in die Reisfelder der Hoa Haos und von dort in die Reisfelder der Caodaisten, die gewöhnlich mit den Hoa Haos Krieg führten: Nur die Flaggen auf den Wachttürmen wechselten. Kleine nackte Jungen saßen auf den Büffeln, die bis zum Bauch in den bewässerten Feldern wateten; wo die goldene Ernte reif war, siebten die Bauern in ihren flachen, muschelförmigen Hüten den Reis gegen kleine, gekrümmte Schutzdächer aus geflochtenem Bambusrohr. Die Autos fuhren rasch an ihnen vorüber, sie gehörten einer anderen Welt an.

Jetzt erregten die Kirchen der Caodaisten in jedem Dorf die Aufmerksamkeit der Fremden: blaßblaue und rosa Stuckarbeit und über dem Tor ein riesiges Auge Gottes. Die Fahnen wurden immer zahlreicher; Scharen von Bauern zogen auf der Straße dahin: Wir näherten uns dem Heiligen Stuhl.

In der Ferne ragte der Heilige Berg wie ein runder grüner Hut über Tanyin auf – das war der Ort, wo General Thé sich verschanzt hatte, der abtrünnige Stabschef, der erst kürzlich seine Absicht bekanntgegeben hatte, sowohl gegen die Franzosen als auch gegen die Vietminh zu kämpfen. Die Caodaisten unternahmen keinen Versuch, seiner habhaft zu werden, obwohl er einen ihrer Kardinäle gewaltsam entführt hatte; allerdings ging das Gerücht, er habe dies mit stillschweigender Duldung des Papstes getan.

In Tanyin schien es immer heißer zu sein als irgendwo sonst im südlichen Delta; vielleicht war es der Wassermangel, vielleicht der Gedanke an die endlosen Zeremonien, der jeden von uns für alle anderen schwitzen ließ, für die Truppen, die strammstehen mußten, während der langen Reden, deren Sprache sie nicht verstanden, für den Papst in seinen schweren Chinoiseriegewändern. Nur die weiblichen Kardinäle in weißen Seidenhosen sahen so aus, als hätten sie es trotz der grellen Sonne kühl, während sie mit Priestern plauderten, die Tropenhelme trugen. Man konnte sich nicht vorstellen, daß es jemals sieben Uhr abends und Cocktailstunde sein würde auf dem Dach des „Majestic“, wo ein frischer Wind vom Saigonfluß heraufwehte.

Nach der Parade interviewte ich den Stellvertreter des Papstes. Ich rechnete nicht damit, irgend etwas aus ihm herauszukriegen, und diese Vermutung erwies sich als richtig: Es war bloße Konvention auf beiden Seiten. Ich fragte ihn über General Thé aus.

„Ein Hitzkopf", sagte er und ließ das Thema fallen. Er begann seine vorbereitete Rede, wobei er freilich vergaß, daß ich diese bereits vor zwei Jahren gehört hatte – es erinnerte mich an meine eigenen Schallplatten für eben eingetroffene Besucher: Der Caodaismus ist eine religiöse Synthese … die beste aller Religionen … Missionäre sind bereits nach Los Angeles ausgesandt worden … die Geheimnisse der großen Pyramide …

Er trug eine weiße Soutane, und er war Kettenraucher. Er machte einen verschlagenen und korrupten Eindruck: Das Wort Liebe kam in seiner Rede häufig vor. Nach meiner Überzeugung wußte er, daß wir alle nur dazu anwesend waren, um über seine Bewegung zu lachen, unsere respektvollen Mienen waren genau so korrupt wie seine schwindelhafte Hierarchie, nur waren wir weniger schlau. Unsere Heuchelei brachte uns nichts ein – nicht einmal einen zuverlässigen Verbündeten, während jene der Caodaisten ihnen Waffen und Nachschubgüter, ja sogar bares Geld eingetragen hatte.

„Vielen Dank, Eminenz!" Ich erhob mich, um zu gehen. Er begleitete mich zur Tür, wobei er Zigarettenasche verstreute.

„Gott segne Ihre Arbeit", sagte er salbungsvoll. „Vergessen Sie nicht, daß Gott die Wahrheit liebt."

„Welche Wahrheit?", fragte ich.

„Im Glauben Caodais sind alle Wahrheiten miteinander ausgesöhnt, und Wahrheit ist Liebe."

Er trug einen riesigen Ring an einem Finger, und als er mir die Hand hinstreckte, gewann ich den Eindruck, als erwarte er tatsächlich von mir, daß ich den Ring küsse; doch ich bin kein Diplomat.

Bernd Schiller
Blut und rote Rosen

Dien Bien Phu liegt im Abseits, zwei Tagesreisen von Hanoi entfernt, eine Kleinstadt von kaum fünfzigtausend Einwohnern. Die laotische Grenze ist nicht weit. Niemand würde von dieser Stadt Notiz nehmen, kein Tourist auf die Idee kommen, sie in seinen Reiseplan aufzunehmen – wenn dieser Ort nicht Weltgeschichte geschrieben hätte. Dien Bien Phu steht für eine der großen Schlachten des zwanzigsten Jahrhunderts, für das Ende der französischen Herrschaft über Indochina, für eine Zäsur in der Tragödie um die vietnamesische Selbstbestimmung.

Eine vierspurige, wenig befahrene Straße führt in das unscheinbare Städtchen. Es ist ein überdimensionierter Boulevard mit einem grünen Mittelstreifen, gesäumt von sorgfältig gestutzten Buchsbäumen und Flamboyants. Jedes Jahr im Frühling leuchten die Flammenbäume grellrot auf. Ganz sicher „brennen" sie am 7. Mai, wenn das ganze Land an das Ende eines mörderischen Stellungskampfes denkt, der für die Franzosen zum zweiten Waterloo wurde, für die Vietnamesen und den Rest der Welt zu einem Mythos. Zum ersten Mal hatte ein kleines Volk von Reisbauern einer europäischen Großmacht und der Welt einen schier unglaublichen Beweis seiner Zähigkeit geliefert. Die Amerikaner, die ein Jahrzehnt später die ganze Region mit einem noch viel größeren und grausameren Krieg überzogen, mochten aus der französischen Niederlage nichts lernen.

Ein Bunker am Stadtrand, ein Museum, ein paar angerostete Panzer und Haubitzen, Kriegsschrott unter blühenden Tropenbäumen. Kinder spielen auf Kanonen, vietnamesische Familien auf Ausflug posieren in den Schützengräben und schicken die Fotos mit dem Handy an die Verwandtschaft daheim. Auf den Hügeln über der Stadt erinnern lange Reihen mit Steinplatten an die Gefallenen. Die Gräber einiger Offiziere und Helden sind mit kurzstämmigen Palmen und Buchsbäumen bepflanzt. Abgebrannte Räucherstäbchen zeugen vom Gedenken der Angehörigen oder der zahlreichen Landsleute, die das ganze Jahr über diesen Ort ihres nationalen Triumphs besuchen.

Nguyen Chi Thi hat damals ein Bein und einen Arm verloren. Jetzt bewacht der weißhaarige, gebrechliche Mann, gestützt auf Krücken, die Ruhestätte von sechshundertvierundvierzig Kameraden, ein Bruchteil jener mehr als zwanzigtausend Vietnamesen, die an diesem Ort gefallen sind. Manchmal sprechen ihn Franzosen an, Überlebende von Dien Bien Phu, oder die Kinder jener Männer, die damals ihr Leben für die verlorenen Ideale der Grande Nation gelassen haben. Es kommt vor, dass sich Deutsche ins Gespräch mischen, ehemalige Fremdenlegionäre, auch so alt wie der Wärter, auch so voller Erinnerungen wie die Franzosen. Herr Thi freut sich über ein Päckchen Zigaretten. Dann, nach einigen tiefen Zügen, weist er den Gegnern von damals freundlich und ein wenig schüchtern lächelnd den Weg zum Denkmal für die gefallenen Kolonialsoldaten. Mindestens achttausend von ihnen, nicht wenige davon Deutsche in französischen Diensten, starben beim Kampf um ein Dorf, das bis zum Frühjahr 1954 niemand kannte und das doch binnen kurzer Zeit die Schlagzeilen auf der ganzen Welt bestimmen sollte.

Im Herbst 1953, acht Monate vor dem Untergang in Dien Bien Phu, war die französische Öffentlichkeit mehrheitlich längst des Kämpfens und des Kolonialreichs müde. Der Waffenstillstand im Koreakrieg und der Tod Stalins hatten zu einer Entspannung auch in Südostasien geführt. General Henri Navarre, Oberbefehlshaber der Streitkräfte in Indochina, sah darin allerdings nur die Ruhe vor einem Sturm, den er erst entfachen wollte. Im Delta des Roten Flusses, so sein Plan zur Rettung Französisch-Indochinas, wollte er die Kämpfer der Vietminh-Bewegung, die Ho Chi Minh 1941 gegründet hatte, stellen und zur endgültigen Aufgabe zwingen. Die Absicht scheiterte kläglich. Sein Kontrahent, der Vietminh-General Vo Nguyen Giap – im Sommer 2010 bei Redaktionsschluss eine noch lebende Legende von fast neunundneunzig Jahren – hatte seine Truppen aus dem Nordosten ab- und an der laotischen Grenze zusammengezogen, sie auf den schwer einsehbaren und noch schwerer zugänglichen Höhenzügen rund um das Dorf Dien Bien Phu verteilt.

Frankreich schloss auf die Schnelle einen Beistandspakt mit Laos. General Navarre befahl daraufhin die Rückeroberung der Grenzregion im Nordwesten, in der sich Giaps Kämpfer eingegraben hatten. Marc Frey berichtet in seiner „Geschichte des Vietnamkriegs" vom grenzenlosen Optimismus des französischen Oberbefehlshabers. Der Sieg, so trompetete Navarre, dass man es bis Paris hören musste, sei „in greifbare Nähe gerückt, wie das Licht am Ende des Tunnels". Anfang 1954 ließ Navarre zwölftausend Elitesoldaten im Tal von Dien Bien Phu aufmarschieren, kommandiert von Oberst Christian Marie de Astries, einem Veteranen des Zweiten Weltkriegs. Sie sollten schon bald eingeschlossen sein, nur noch aus der Luft zu versorgen, hoffnungsloser die Lage von Tag zu Tag.

Im Museum der Erinnerung sind die Schlachten von damals nachgestellt, auf großen Reliefplatten, mit Figuren und leuchtenden Lämpchen wie bei einer großen Modelleisenbahn. Rot leuchten die Signale, wenn die Gräben und Hügel noch nicht in der Hand des Vietminh sind, grüne Lämpchen zeigen an, welche Stellungen die zähen Helden des Volkes bereits genommen haben. Über Lautsprecher und aus alten Propagandafilmen dröhnt der Schlachtruf „Bereit zum Kampf, bereit zum Sieg" unentwegt in die Ohren der Besucher.

Vom 13. März bis zum 7. Mai lag die französische Festung im Dauerfeuer der Vietnamesen. Nichts und niemand half der Kolonialmacht, nicht einmal der Einsatz von Napalm, und auch die makabre Bitte an die Amerikaner, ihr doch endlich mit Atombomben zu Hilfe zu kommen, blieb unerhört, im doppelten Sinne des Wortes. Auf der anderen Seite schafften zehntausend und mehr Helfer, Frauen, Kinder und Alte, Munition und Medizin, Verpflegung und Waffen, sogar schweres Geschütz aus den Dschungeln im Grenzgebiet auf die Hügel über der Festung von Dien Bien Phu, zu Fuß, mit dem Fahrrad, auf Elefanten und Wasserbüffeln, über unsichtbare Pfade und durch eine Wildnis, die kein Franzose, kein Fremdenlegionär kannte.

Im Museum zeigen Bilder und lebensgroße Figuren den Kampf des Vietminh ebenso eindrucksvoll wie beklemmend. Auch die verzweifelte Lage der eingeschlossenen Franzosen und ihrer ausländischen Helfer wird deutlich. Sogar die Badewanne des Kommandeurs gehört noch zum Inventar; sie wird ihm seinerzeit keine Entspannung verschafft haben. Jeden Tag zwischen März und Mai des Jahres 1954 desertierten Dutzende seiner Männer, mehr als eintausendsechshundert insgesamt. Nach fünfundfünfzig Tagen endlich wehte die rote Flagge mit dem gelben Stern auch über dem letzten noch verbliebenen Hügel der Franzosen, A 1 genannt.

Es ist heiß, der Aufstieg zum Berg der Entscheidung, direkt gegenüber dem Museum, fällt schwer. Schützengräben und Tunnel durchziehen diesen legendär gewordenen Berg, mit gepflegten Lycheebäumen geradezu liebevoll verdeckt. Relikte von Bunkern sind zu erkennen. Dichtes Grün macht den Blick von der Höhe in die Niederungen der Verlierer unmöglich. Gegen die Sonne geblinzelt scheint der narbige Hügel A 1 noch immer zu bluten: Tausend und Abertausend rote Rosen rahmen hier oben einen gewaltigen Krater ein, den eine Bombe von fast tausend Kilogramm Sprengstoff am 7. Mai 1954 gerissen hat. Die Vietminh-Kämpfer selbst haben sie damals gezündet, als Signal an alle Fronten rund um Dien Bien Phu, dass die Schlacht gewonnen sei.

An jenem Nachmittag um halb sechs, kurz vor Einbruch der Dunkelheit, hissten die Männer um General Giap ihre Flagge über dem Bunker des Colonel de Castries. Zusammen mit über zehntausend Männern ging er in die Kriegsgefangenschaft. Nur jeder dritte überlebte die Lager des Vietminh, Oberst de Castries aber wurde schon nach vier Monaten entlassen und bald darauf zum General ernannt. Vietnam war da schon ein geteiltes Land. Seit dem 21. Juli 1954, so wurde es auf der Indochinakonferenz von Genf beschlossen, lag nördlich des 17. Breitengrades die Demokratische (kommunistische) Republik Vietnam, südlich davon ein Land, das sich noch ein Jahr lang einen Kaiser (Bao Dai) leistete, sich aber schon bald, unter der Vasallenherrschaft des reaktionär-katholischen Präsidenten Ngo Dinh Diem, immer stärker in die Abhängigkeit Amerikas manövrierte. Frankreich musste jedenfalls 1954 in Hanoi einen so demütigenden Rückzug antreten wie mehr als drei Jahrzehnte später die Amerikaner in Saigon: Der letzte französische Offizier, der die alte Paul-Doumer-Brücke über den Roten Fluss zu Fuß verließ, wurde von einem Vietminh-Soldaten mit einem Tritt in den Hintern verabschiedet.

Die Brücke, 1902 auf dem Höhepunkt französischer Kolonialherrlichkeit eingeweiht, heißt längst Long-Bien-Brücke, und kaum noch jemand in Vietnam erinnert sich an Paul Doumer, der vor über einhundert Jahren Generalgouverneur in Indochina war, später im Heimatland mehrfach das Amt des Finanzministers bekleidete, 1921 Staatspräsident wurde und nur ein Jahr später in Paris einem Attentat zum Opfer fiel.

In Dien Bien Phu hatten die kommunistischen Kämpfer eine große Schlacht für sich entschieden, die oft mit der Wirkung von Stalingrad verglichen worden ist. Den Krieg um ganz Vietnam aber konnten sie erst am 30. April 1975 gewinnen, nach dem Beginn 1965 und nach Jahren eines grausamen Gemetzels, von dem das geschundene Land und seine Bewohner sich erst Jahrzehnte später erholen sollte, genauso überraschend, genauso zäh, wie sie erst die Franzosen und dann die Amerikaner vertrieben hatten. Aber die psychischen Folgeschäden des Amerikanischen Krieges, wie ihn die Vietnamesen im Unterschied zum Ersten Indochinakrieg nennen, dauern an, in Vietnam wie in Amerika.

Winfried Scharlau
Die Tet-Offensive

Tet markiert in Vietnam den Beginn eines neuen, nach dem chinesischen Mondkalender berechneten Jahres. Das Fest ist der Höhepunkt des Daseins: Karneval und Familienfest, das wenigstens drei Tage lang gefeiert wird. 1968 fiel Tet auf den 1. Februar. Nord- und Südvietnam hatten einen Waffenstillstand erklärt, um das Jahr des Affen gebührend zu begrüßen.

Seit Tagen hallte durch die Straßen Saigons der Lärm der Kracher und Böller, die rund um die Uhr gezündet wurden. „Früher reichten ein paar Knalleffekte aus", so berichtete ich am Vorabend per Telex dem NDR-Hörfunk in Hamburg, „um die bösen Geister in die Flucht zu schlagen. Dann machten chinesische Kaufleute aus dem Feuerwerk ein Statussymbol, um mit lang dauerndem, nervtötendem Krach die Kunde ihres Reichtums zu verbreiten. Wenn das zehn Tage währende Feuerwerk ein Indiz ist, dann muss Südvietnam ein reiches Land sein. Heute werden alle Geister vertrieben, die bösen und die guten auch."

Am gleichen Tag, dem 31. Januar 1968, erreichte Saigon die Nachricht, dass der Vietcong mit massiven Kräften eine Offensive in den zentralannamitischen Provinzen begonnen hatte gegen die Städte Pleiku, Nha Trang, Kontum und Da Nang. Die Hauptstadt des Südens ließ sich das Fest dennoch nicht verderben. Saigon hatte noch nie selber den Krieg erlebt. Es feierte weiter, ohne die Zeichen an der Wand zu erkennen.

Der Tet-Trubel in Saigon erinnerte mich damals an einen Text von Søren Kierkegaard. Der dänische Philosoph hatte darin einen Clown beschrieben, der dem Publikum mitteilte, dass Feuer im Saal ausgebrochen sei. Die Zuschauer applaudierten. Sie hielten seinen Auftritt für einen Scherz.

Ein befreundeter Militärattaché, Major Weste, weckte mich am nächsten Morgen gegen fünf Uhr im Hotel Continental. Ob ich ihn begleiten wollte auf einer Inspektionsfahrt durch die Stadt, so fragte er. Draußen sei Kampflärm zu hören.

Vom Hotel bis zur katholischen Kathedrale beträgt die Entfernung kaum fünfhundert Meter. Ein Kontrollposten der Militärpolizei stoppte unseren Wagen. Durch das Hinaushalten der Identitätskarten versuchten wir, uns der Kontrolle zu entziehen und weiterzufahren. Mit der Waffe wurden wir genötigt anzuhalten. Die amerikanische Botschaft am Boulevard Thong Nhut, den wir an der Kathedrale soeben erreicht hatten, werde von Vietcong-Soldaten belagert, sprudelte der junge Soldat heraus. Ein Blick in Richtung Botschaft erklärte die innere Erregung des Militärpolizisten. Der Krieg hatte an diesem 1. Februar tatsächlich Saigon erreicht. Der Boulevard Thong Nhut war ein Gefechtsfeld. Schüsse peitschten durch die Dunkelheit. Die Bedeutung der Aktion war allerdings auf den ersten Blick nicht zu erkennen.

Wir wendeten den Wagen, umfuhren das umkämpfte Viertel bei der Botschaft und bewegten uns in Richtung Flughafen Than Son Nhut. An vielen Stellen der Stadt hatten die Vietcong Gebäude angegriffen. Die philippinische Botschaft auf dem Weg zum Flugplatz war erheblich beschädigt worden. Die Türen standen offen. Vor dem Eingang lagen mehrere Leichen.

Auf der Rückseite des Präsidentenpalastes waren Vietcong schon bei der Anfahrt einem Jeep der amerikanischen Militärpolizei begegnet. Der Vietcong-

Trupp eröffnete das Feuer und tötete die vier Polizisten. Danach flohen die Angreifer in einen Hotel-Rohbau, in dem sie sich verbarrikadierten. Der Angriff auf den Regierungssitz scheiterte vorzeitig.

Der Flughafen wurde von mehreren Seiten gleichzeitig angegriffen. An der Haupteinfahrt, ganz in der Nähe eines Feldhospitals und des Hauptquartiers der südvietnamesischen Armee, flogen den amerikanischen und Saigoner Soldaten, die im Graben oder hinter Mauerresten Deckung gesucht hatten, die Kugeln über die Köpfe. Verwundete wurden geborgen. Das „dit-dit-dit" der Handfeuerwaffen erfüllte die Luft. Je näher man am Geschehen ist, so lehrt freilich die Erfahrung im Krieg, desto weniger weiß man, was wirklich geschieht.

Ich habe nie aufgehört, mich zu wundern, wie man in diesem gefährlichen Chaos herumwandern konnte, so als beobachte man nur ein Manöver. Viel Glück gehörte dazu, immer am Rande zu bleiben und ohne Kenntnis der Positionen das Schussfeld zu meiden. Ein gutes Schicksal muss uns an diesem Morgen geführt haben. Mit einem ersten Eindruck vom Ausmaß der Offensive, von der erschreckend großen Zahl der Opfer, die auf dem Pflaster der Straße verblutet waren, erreichten wir gegen acht Uhr wieder die amerikanische Botschaft, wo gerade der Endkampf begonnen hatte.

Mit dem klassischen „Ganoven-Auto" amerikanischer Kriminalfilme, dem alten schwarzen Citroën, waren um 2.47 Uhr morgens Angehörige einer Vietcong-Sondereinheit, „Dac song"-Soldaten, von den Amerikanern „sapper" genannt, vor dem Haupteingang der US-Botschaft vorgefahren. Noch ehe die beiden wachhabenden Marines die Situation im Halbdunkel erfassten, wurden sie durch Schnellfeuersalven niedergestreckt. Mit einer Bazooka, einer Panzerabwehrwaffe, schossen die Angreifer ein metergroßes Loch in die weiße Schutzmauer, durch das sie in den

Botschaftsgarten eindrangen und das Hauptportal angriffen.

Keine Stunde später begann die Gegenaktion der amerikanischen Truppen. Von allen Seiten wurde in den amerikanischen Botschaftsgarten geschossen, in dem schwere, riesige Blumenschalen aus Beton den Vietcong vorzügliche Deckung gaben. Die äußere Schutzmauer versperrte zudem den Amerikanern den Blick. Sie konnten aufgrund der Feuerstärke nur schätzen, wie viele Vietcong das Gelände besetzten. [...]

Schließlich rammte ein Jeep die Eisentür in der Außenmauer. Kampfhubschrauber feuerten aus der Luft in den Botschaftsgarten. Aus etwa zweihundertfünfzig Metern Entfernung beobachteten wir Journalisten, jetzt etwa zwanzig Personen, den letzten Akt des Dramas. Hubschrauber der 101. Airborne Division waren auf dem Dach der Botschaft gelandet. Der Schlussangriff wurde von der eingeflogenen Verstärkung von innen heraus, aus dem Hauptgebäude der Botschaft, geführt. Um 9.08 Uhr war die Schlacht vorbei. Die Waffen schwiegen. Um 9.20 Uhr inspizierte General Westmoreland den Ort des Geschehens. Begleitet von Journalisten, betrat der Oberkommandierende den Vorgarten, der mit Leichen übersät war und den das Blut der Gefallenen an vielen Stellen rot gefärbt hatte. [...]

Die Gruppe der Journalisten bestand fast nur aus Amerikanern. Eine unsichtbare Hand hatte die Korrespondenten der wichtigsten amerikanischen Medien, der Nachrichtenagenturen, der drei Fernsehstationen, von Time, Newsweek und der New York Times hierher beordert. Der deutsche Militärattaché und ich waren durch Zufall hinzugekommen.

Abseits von den Journalisten, auf dem blutgetränkten Rasen neben den hinderlichen Blumenkübeln aus Beton stehend, beriet General Westmoreland mit dem Chef des Informationsstabes, Barry Zorthian. Die

Linie wurde festgelegt, der Tenor der Informationen, die der Presse gegeben werden sollten.

Dennoch geriet die improvisierte Pressekonferenz, die der Oberkommandierende im Garten der Botschaft an diesem Morgen gab, zu einem Rohrkrepierer, um in der Sprache der Militärs zu bleiben. Westmoreland und Zorthian verkannten den Symbolwert der amerikanischen Botschaft. Sie ignorierten die innere Erregung der Journalisten, die tausend Meter von ihrem Hotelzimmer entfernt dem wirklichen Krieg begegnet waren. Eine Offensive hatte die Hauptstadt, die bislang fast unbehelligt geblieben war, in ein Schlachtfeld verwandelt. Westmoreland schien unfähig, die psychologischen Faktoren der neuen Situation zu erkennen.

Die Kommunisten, so erklärte Westmoreland, der von den Journalisten eingekreist wurde und dabei so steif wirkte wie seine gestärkte grüne Tropenuniform, hätten das Tet-Fest hinterhältig missbraucht, um durch eine selbstmörderische Operation gegen Saigon vom Hauptkriegsschauplatz in Khe Sanh abzulenken. Das Täuschungsmanöver sei aber misslungen. Die Pläne des Vietcong seien gescheitert. Die militärische Situation sei im Wesentlichen unter Kontrolle.

Die Journalisten glaubten einem Fantasten zuzuhören, der von einem anderen Krieg sprach als von jenem, der Saigon ins blutige Chaos gestürzt hatte. Presse und Militärs haben zwei völlig unterschiedliche Versionen der Tet-Offensive verbreitet. Die Sicht des Oberkommandos ist dabei von der amerikanischen Öffentlichkeit, aber auch von der Weltöffentlichkeit kaum beachtet worden. Die dramatische, eine Niederlage implizierende Version der Medien hat sich durchgesetzt. Die Militärs und die Administration Lyndon B. Johnsons sind von der emotionalen Wirkung der nun beginnenden Berichterstattung überwältigt worden.

Wohl erst beim Niederschreiben seiner Memoiren hat General Westmoreland die Mienen der ihn ungläubig ansehenden Journalisten richtig gedeutet: „Ihre Gesichter spiegelten Entsetzen und Fassungslosigkeit, so als sei das Ende der Welt gekommen." Hätte er dies schon damals in seiner ganzen Bedeutung erkannt, die Militärs wären der nun einsetzenden psychologischen Schockwirkung weniger hilflos ausgesetzt gewesen.

Duong Thu Huong
Aschekuchen zum Neujahrsfest

Der folgende Text stammt aus dem Roman „Liebesgeschichte, vor der Morgendämmerung erzählt". Duong Thu Huong, populäre Schriftstellerin in vietnamesischer Sprache, schildert darin den verzweifelten Versuch, eine Liebe im brutal-bürokratischen System des vietnamesischen Kommunismus zu leben. Hauptmann Vu Sinh, ein hoher Kader der nordvietnamesischen Truppen, verheiratet, liebt eine junge Schauspielerin und lässt sich ihretwegen scheiden. Luu, die Ehefrau des Soldaten, schafft es mithilfe der Partei, die Scheidung rückgängig zu machen. Die unglückliche Liebesgeschichte, die durch politischen Zwang nicht zu einer glücklichen werden kann, spielt vor dem Hintergrund des Befreiungskampfes und der ersten bitteren Jahre nach Sieg und Wiedervereinigung. Man darf annehmen, dass Duong Thu Huong, die als überzeugte Kommunistin am Krieg gegen die Amerikaner teilgenommen hatte, aber nach 1975 als Reformerin scheiterte und schließlich aus der Partei ausgeschlossen und verhaftet wurde, in diesem berührenden Buch auch eigene Erfahrungen verarbeitet hat.
B. S.

An den Ästen des japanischen Flieders hingen nur noch die Früchte. Die Blätter waren bereits abgefallen. Die Vögel machten sich nichts aus den Früchten, sodass sie hängenblieben, bis der Busch kahl war. Anfangs grün, reiften sie zu hellem Gelb heran, gingen zu dunklem Gelb über, bis sie schließlich eine kastanienbraune Farbe angenommen hatten. Man erzählte sich, dass die Bauern eine besondere Verwendung für diese kleinen Früchte hatten: Wenn sie braun gefärbt waren, wurden sie gepflückt und zusammen mit Klebreisstroh und Blättern anderer Pflanzen verbrannt. Die zurückgebliebene Asche wurde mit Wasser angerührt und gut vermischt, damit die Aromastoffe, die in der Asche konzentriert waren, vom Wasser aufgenommen wurden. Jetzt folgte ein aufwendiges Filtern. Die trübe Flüssigkeit wurde mehrmals über Tücher abgegossen, bis sie klar war. Das Ergebnis war ein Aromawasser von besonderem Duft und Geschmack, das für die Zubereitung von Speisen genutzt wurde. Doch zuvor füllte man das Wasser, das man im Winter gewonnen hatte, in große, tönerne Krüge und verschloss sie bis kurz vor Frühlingsanfang. Dann bereitete man kleine Reispäckchen zu und legte diese in das Aromawasser, das nun wie eine Marinade wirkte und dem Reis einen unverwechselbaren Geschmack gab. Gut abgetropft und verpackt war aus den kleinen Reispäckchen eine Spezialität zum Tet-Fest geworden: banh tro – der Aschekuchen. Ein beliebtes kleines Geschenk, das nicht nur delikat schmeckte, sondern auch leicht verdaulich war. Wenn man die kleinen Aschekuchen, die je nach Intensität des Aromawassers durchsichtig, hellgelb oder bernsteinfarben aussahen und in weißen Porzellanschüsselchen serviert wurden, dann noch mit gezuckerten Aprikosestückchen oder erlesenem Honig versah, schmeckten sie einfach vortrefflich.

Auch die Mutter von Hauptmann Vu Sinh machte sich jedes Jahr in Vorbereitung des Tet-Festes die Mühe und bereitete kleine Aschekuchen aus bis zu fünf Kilogramm Reis. Vu Sinh aß dieses traditionelle volkstümliche Gericht besonders gern.

Natürlich hatte die Mutter auch in diesem Jahr reichlich davon zubereitet. Dazu noch den beliebten Kuchen der fünf Geschmacksrichtungen süß, sauer, bitter, scharf und salzig sowie geröstete Reisbonbons. Doch in diesem Jahr war alles ganz anders. Sie verpackte all die Leckereien und schickte sie ihrem Sohn in die Kaserne. Vu Sinh hatte mitteilen lassen, dass er zum Tet-Fest nicht nach Hause komme. Die Eltern kannten den Grund seiner Abwesenheit: Luu.

Noch an dem Tag, an dem das Gericht die Scheidung für null und nichtig erklärt hatte, war Vu Sinh zurück zur Offiziersschule gefahren und war bis zu dem Tag, an dem die Mutter ihm das Tet-Paket gepackt hatte, nicht ein einziges Mal nach Hause gekommen. Den beiden Kindern hatte es nicht so viel ausgemacht, denn sie hatten ja die Mutter und die Großeltern. Doch den beiden Alten tränte das Herz. Sie vermissten ihren Sohn sehr, auch wenn es heißt, dass alte Leute mehr Kummer ertragen könnten. Und ihnen half auch nicht, dass sie besonders tolerante und barmherzige Eltern waren. Jedes Mal, wenn die Schwiegertochter nicht da war, saßen die beiden Alten beieinander, dachten an ihren Sohn und seufzten. Sie konnten einfach nicht begreifen, warum eine Frau, die kurz vor der Hochzeit mit einem anderen steht, urplötzlich zum Gericht läuft, um das Scheidungsurteil aufzuheben. Ohne Frage war Moc ein offenherziger, natürlicher junger Mann, der gut zu Luu passte. Vu Sinh, ihr einziger Sohn, aber war ein vollkommen anderer Typ Mann. Obwohl er sich als Offizier das ganze Jahr über mit Waffen und militärischer Ausbildung beschäftigte, war er doch ein sehr empfindsamer Mensch. Es floss das Blut seines Vaters, eines Gelehrten und Dichters, durch seine Adern. Zudem war Vu Sinh ein Mann voller Leidenschaften, voller Eleganz und Begabung, Eigenschaften, die er seiner Mutter zu verdanken hatte. Sie galt in ihrer Heimat als eine außergewöhnliche Frau. Sie war als junge Bäuerin bekannt durch ihre Schönheit, ihre wundervolle Stimme und ihre Webkünste. Bevor sie heiratete und in der Stadt einen kleinen Stand betrieb, um für die Familie etwas dazuzuverdienen, hatte sie allen Männern den Kopf verdreht, waren viele heimlich in sie verliebt. Selbst als sie eine Zeit lang Partisanenuniform trug, bezauberte sie alle mit ihrer anmutigen Figur und ihrem schönen Gesicht … […]

Ein leichter Wind zog über die Felder hinweg. Das Fest der Kuchen und Leckereien war vorüber, und eh man sich versah, war es bereits April geworden. Der Achte, Buddhas Geburtstag, war ein Feiertag. Die Großeltern gingen mit den beiden Enkeln in die Pagode. Luu hatte frei, saß allein zu Haus und langweilte sich. Plötzlich kam ihr die Idee, ihren längst gefassten Plan auszuführen. Sie nahm ihr Fahrrad und machte sich auf den Weg in die Kaserne, um Vu Sinh zu besuchen. Nach einer Stunde stand sie vor dem Tor. Der Wachhabende an diesem Tag war der Gefreite Do. Er kannte die ganze Geschichte von Vu Sinh und seiner Frau. Deshalb gewährte er ihr auch nicht sofort Einlass, sondern bat sie zu warten und schickte einen anderen Soldaten zu Vu Sinh, um ihm die Nachricht zu überbringen.

„Der Kommandeur erwartet Sie."

Nach diesen Worten öffnete er das Tor und ließ Luu ein. Mit ernster Miene wartete er, bis Luu ihr Fahrrad angeschlossen hatte und führte sie dann ins Gästezimmer. Dort wartete Vu Sinh. Er saß hinter einem klobigen, großen Tisch, auf dem eine geblümte Nylondecke lag. Auf dem Tisch stand eine Vase mit einer Art rosa blühendem Myrtengewächs. Von den vier Teetassen auf dem Tablett waren bereits zwei mit Teesud gefüllt. Die Thermoskanne mit dem heißen Wasser war griffbereit. Außer einigen Stühlen war das alles in diesem Zimmer, ein trostloser, unfreundlicher Anblick. Und das Gesicht von Vu Sinh war noch unfreundlicher. Er wartete, bis der Soldat, der Luu ins Zimmer gebracht hatte, gegangen war. Dann fragte er kalt:

„Welcher Umstand führt Sie denn zu mir?"

Luu war so verärgert ob dieser Begrüßung, dass sie die Tränen nur mühsam zurückhalten konnte. Aber sie war nicht hierher gekommen, um vor ihm die Beherrschung zu verlieren. Deshalb antwortete sie mit einer Gegenfrage und wählte genau den arroganten Tonfall, den die Staatsanwältin im Berufungsprozess angeschlagen hatte, als sie Vu Sinh beschuldigte:

„Wie kommt es denn, dass du an einem Feiertag nicht nach Hause kommst?“

Vu Sinh antwortete kurz:

„Ich habe zu tun.“

Daraufhin sagte Luu:

„Was hast du zu tun? Heute ist Sonntag. Früher bist du ja auch alle zwei Wochen nach Hause gekommen.“

Der Ehemann antwortete:

„Was früher war, ist vorbei. Heute hat sich die Lage geändert.“

Luu schlug einen schärferen Ton an:

„Du warst früher mein Ehemann und bist es heute wieder. Was hat sich also geändert?“

Ganz ruhig antwortete er:

„Ich glaube, da irren Sie sich.“

„Wobei sollte ich mich irren?“, fragte sie spitz.

Vu Sinh antwortete, ohne seine Frau anzusehen. Er beobachtete währenddessen eine Fliege, die auf einem Sonnenstrahl hin und her schwirrte:

„In allem. Alles, was Sie tun, ist ein einziger Irrtum.“

Er verhielt sich vollkommen gleichgültig und kühl. Beinahe gelangweilt beantwortete er ihre Frage, so als müsste er eine Sache erklären, die jeder andere längst verstanden hatte.

Die junge Frau spürte, wie sich ihre Kehle vor Wut zusammenzog, aber sie wusste selbst nicht, wie sie den Anfall zum Ausbruch bringen sollte. So brüllte sie einfach los:

„Ich habe den weiten Weg auf mich genommen, um dich zu sehen. Und du, was machst du? Du zwingst mich, in diesem grässlichen Raum zu sitzen und Tee zu trinken! Hier muss es doch noch andere Räumlichkeiten geben, wo man sich ein wenig erholen kann?"

„Nein, die gibt es nicht", antwortete Vu Sinh. „Das ist hier eine Offiziersschule in einer Kaserne und kein Erholungsheim!"

Das Fenster des Gästezimmers, in dem sie sich getroffen hatten, führte auf einen Hof, der durch mehrere kleine Häuser eingegrenzt war. Davor waren Beete angelegt, auf denen rote Hahnenkamm- und violette Schmetterlingsblumen blühten. Kletterpflanzen, die bis zu den Fenstern emporrankten, schmückten die Außenwände. Diese Region war das „Glücksviertel" der Kaserne. Es war für die Unterkunft der Ehefrauen vorgesehen, die von weit her kamen, um ihre Männer, sowohl die Offiziersschüler als auch deren Vorgesetzte zu besuchen. Jedes Haus hatte fünf separate Zimmer, deren Wände mit farbigen Plakaten unterschiedlicher Motive beklebt waren; mal war es ein wohlgenährtes Baby, mal eine hübsche Tänzerin mit einem Blumenkörbchen in der Hand. Vor einer Woche hatte Sergeant Do seine Frau hier empfangen. Für die Ehepaare waren diese kleinen Zimmer wie ein Himmelreich. So dachten zumindest die Männer darüber und Vu Sinh auch. Luu hatte längst von diesem „Glücksviertel" gehört und bestand gerade jetzt darauf, es kennenzulernen.

„Du musst mich dort hinführen, verstehst du? Du musst", stieß sie hasserfüllt und mit erstickender Stimme aus. Dann übermannte sie ein Tränenausbruch. Vu Sinh stand auf und ging nach draußen.

Fünfzehn Minuten später kehrte er ins Zimmer zurück, setzte sich und sprach mit ruhiger Stimme: „Begreifen Sie doch endlich! Es ist nicht meine Schuld, dass alles so gekommen ist."

Hochrot im Gesicht, mit hasserfülltem Blick und zusammengekniffenen Lippen wischte sich Luu die

Tränen ab und stand auf. Ohne sich zu verabschieden nahm sie ihr Fahrrad und verließ die Kaserne …

Als sie am nächsten Tag zur Arbeit kam, lag ein Brief von Hong Tham auf ihrem Schreibtisch.

„Meine liebe Luu, da es mir gut geht und ich zudem regelmäßig Nachricht von meiner Familie erhalte, kann ich in aller Ruhe meine Schulung absolvieren. Vor zwei Monaten hatte ich eine Zusammenkunft mit der Vizepräsidentin des Provinzgerichtes, die mich informierte, dass deine Berufung erfolgreich verlaufen ist. Dazu beglückwünsche ich dich außerordentlich, meine Liebe! Wir haben gesiegt! Das müssen wir unbedingt feiern, wenn ich wieder zurück bin. Du hast es geschafft, dein Glück zu verteidigen. Du bist nun ein Beispiel für die anderen Frauen. Sie werden aus deinem Fall lernen, dass es möglich ist, allein durch Entschlossenheit das Glück einer ganzen Familie zu bewahren.

Ich wünsche dir Gesundheit und Erfolg in deiner politischen Arbeit.

Auf Wiedersehen, meine Liebe. Ich drücke dir ganz fest die Hand.“

Tiziano Terzani
Sogar die Toten wurden betrogen

Beim Einmarsch der Vietcong in Saigon haben die wenigen zurückgebliebenen Ausländer vor Freude geweint, unter ihnen Terzani. Jetzt muss er feststellen: „Friede ist nicht eingezogen in Indochina."

Die Menschen sehen gesund und froh aus, sie sind wohlgekleidet – aber nur auf den Plakaten. Unter Hunderten riesiger, bunter Phantasiebilder von Arbeitern, Soldaten und Kindern, die entschlossen oder lächelnd zum Himmel aufblicken, sehen ebenso viele hungrige, zerlumpte, kränkliche, schmutzige wirkliche Menschen auf die Erde. Sie spähen nach einem Zigarettenstummel, einem Fetzen Papier oder was Eßbarem. Saigon feiert den zehnten Jahrestag des Sieges vom April 1975: Öffentliche Bauten sind neu gestrichen, Dissidenten eingesperrt, Bettler von den Hauptstraßen des Zentrums in ein Lager am Stadtrand verbannt, damit sie das reine, das kämpferische Image des früheren Saigon, heute Ho-Chi-Minh-Stadt, nicht beschmutzen. Nichts aber kann die Niedergeschlagenheit auf den Gesichtern der großen Mehrheit ihrer 3,5 Millionen Einwohner übertuschen. „Es ist ihr Sieg, nicht unserer", flüstert ein Saigoner dem Fremden zu. „Für uns bedeuten die Feierlichkeiten nur Verhaftungen und weniger Elektrizität. Die brauchen sie, um die Porträts von Onkel Ho zu erleuchten." „Sie" und „wir" – die Spaltung zwischen Siegern und Besiegten ist auch zehn Jahre nach dem

Krieg nicht überbrückt. Vor zehn Jahren, als die staubigen Panzer mit der Vietcong-Flagge an der amerikanischen Botschaft vorbei auf den Palast des besiegten Präsidenten Thieu zurollten, als die ersten hageren, scheuen, jungen Vietcong die breite Tu-Do-Straße herunterzogen, haben die wenigen Ausländer, die dabeiwaren, geweint vor Freude: Ein grausamer Krieg war zu Ende, Vietnam schien seine Unabhängigkeit erlangt zu haben, einem wiedervereinten Volk würden nun Frieden und Gerechtigkeit widerfahren – so glaubten wir damals. Frieden ist nicht eingezogen in Indochina. Hunderte von jungen Vietnamesen fallen auf Kambodschas Schlachtfeldern. Gerechtigkeit ist ausgeblieben, wenn Gerechtigkeit anderes bedeutet, als daß eine Gesellschaft umgestürzt und eine Diktatur durch eine andere ersetzt wurde. Die Saigoner, kein Zweifel, leben heute schlechter, leiden unter mehr Inkompetenz und Korruption, haben größere Angst vor der Polizei als früher. „Die Revolution hat keines ihrer Versprechen gehalten“, sagt ein Freund. „Sogar die Toten wurden betrogen.“ Auf dem alten Bien-Hoa-Friedhof, wo viele der im Kampf gegen den Kommunismus gefallenen vietnamesischen Soldaten begraben liegen, wurden die meisten Gräber von Bulldozern eingeebnet – obschon sich das neue Regime auch einen eigenen Friedhof der für die Revolution gefallenen Helden zugelegt hat. Noch weniger wurde das Versprechen auf nationale Versöhnung den Lebenden gegenüber gehalten. Im Mai 1975 war ein Offizier aus Thieus Armee zur „Umerziehung“ befohlen worden. Mit Moskitonetz, Zahnbürste und Reis für 30 Tage meldete er sich; und er wie ich glaubten, in 30 Tagen sei er tatsächlich wieder zurück. „30 Tage, von wegen! Es wurden 3289“, sagt er nun; er hat noch Glück gehabt. Viele der früheren Soldaten, Offiziere und Beamten des geschlagenen Regimes starben in den Umerziehungslagern. Viele sind immer noch in jenen Dschungelcamps, die kommunistische Funktionäre in Augenblicken von Unaufmerksamkeit heutzutage selber „Konzentrationslager" nennen. Im Jahre 1975 versprach das neue Regime jedem Vietnamesen eine Aufgabe beim Wiederaufbau des verwüsteten Landes. Heute haben all die Tausende, die aus den Umerziehungslagern zurückgekommen sind, keine Chance. Die Sünde, einem „Marionettenregime" angehört zu haben, läßt sich nicht wegwaschen. Im Gegenteil, sie ist wie eine Krankheit, die vom Vater auf den Sohn vererbt wird: Für „Marionetten" gibt es keine Jobs, für deren Kinder keine Plätze in Oberschulen oder Universitäten. Während kommunistische Beamte, allesamt aus Nordvietnam gekommen, in die Villenviertel und Privathäuser der alten Oberschicht des Südens eingezogen sind, wurden die Funktionsträger der südlichen Gesellschaft auf die Straße geworfen und geistern dort kümmerlich umher wie ein verirrter, zum Aussterben verdammter Volksstamm. Nach ihrem Sieg in Kambodscha hatten der Steinzeitkommunist Pol Pot und die Roten Khmer ihr Volk in zwei Kategorien eingeteilt: jene Bürger, die schon vor 1975 unter revolutionärer Herrschaft gelebt hatten, denen man somit vertrauen konnte; und dann die anderen, die diesen Vorzug nicht genossen hatten, also bekämpft oder gar ausgemerzt werden mußten. „Was hier in Vietnam passiert, ist wie Pol Pot mit Zeitlupe", meint ein Freund in Saigon. [...]

Dem Regime des Nordens ist es nicht gelungen, die Bevölkerung des Südens für sich zu gewinnen. So leben zehn Jahre nach der Befreiung zwei Vietnams immer noch feindselig und argwöhnisch nebeneinander her. Selbst den vom Bürgerkrieg gespaltenen, durch die Befreiung wiedervereinten Familien brachten diese zehn Jahre keine Eintracht. „Mein kommunistischer Bruder hat mich als Kapitalisten angezeigt, um mich auszurauben", erzählt ein Bekannter, dem früher ein Restaurant gehörte. „Als ich nach drei Jahren Gefängnis zurückkehrte, waren die Wände meiner

Wohnung voller Löcher, denn er dachte, wir seien reich und hätten Gold versteckt, das er finden wollte." In Saigon ist jeder wichtige Verwaltungsposten in Händen von Vietnamesen aus dem Norden – angefangen beim Polizisten an der Straßenecke und beim Postbeamten, der den Verkauf von Briefmarken überwacht. Angesichts dieser Personalpolitik fragt man sich, ob das kommunistische Regime des Nordens die nationale Versöhnung, die es vor zehn Jahren versprochen hat, wirklich wollte oder ob es, lange vor der Eroberung Saigons, schon entschlossen war, die gesamte Bevölkerung des Südens als unzuverlässig einzustufen. Man fragt sich auch, ob Hanoi es mit der „Umerziehung" ernst gemeint hatte oder ob diese nicht ein Trick war, den militärischen und zivilen Apparat des vorherigen Regimes mit einem Schlag aus den Angeln zu heben. Man fragt sich schließlich, ob der Plan der Neuen Wirtschaftsgebiete wirklich der Absicht entsprang, neue Arbeitsplätze für eine arbeitslose Stadtbevölkerung zu schaffen; ob er nicht vielmehr eine billige Methode war, Tausende von Saigoner Familien aus ihren Wohnungen zu entfernen und diese mit Familien aus dem Norden zu füllen. Tatsache ist, daß es 1975 in Südvietnam Tausende von Ingenieuren, Akademikern und gebildeten Leuten gab, die bereit waren, für das neue Regime zu arbeiten, daß ihnen dieses neue Regime die Mitarbeit aber verweigerte: eine ungeheure Vergeudung von Engagement, Fähigkeiten und Talenten. 1975 gab es in Saigon über 2000 Ärzte. 800 zogen mit den Amerikanern davon, die Hälfte derer, die zunächst blieben, hat das Land im Laufe der vergangenen zehn Jahre verlassen. „Armut fürchte ich nicht", sagt einer, der ausgehalten hat und nicht darüber klagt, daß sich seit 1975 niemand in seiner Familie mehr ein neues Hemd hat kaufen können. „Was aber schwer auszuhalten ist, ist das Gefühl, überflüssig zu sein." Er verdient heute sein Brot, indem er Landsleute, die sich auf die Flucht vorbereiten, in Englisch unterrichtet. Über eine Million Vietnamesen haben ihr Land seit 1975 verlassen, viele riskierten als „Boat people“ auf See ihr Leben. Durchschnittlich 2000 Vietnamesen monatlich versuchen auch heute noch zu fliehen.

Zehn Jahre nach dem Sieg der Kommunisten und der formellen Wiedervereinigung Vietnams sind jene Intellektuellen des Südens am tiefsten enttäuscht, die gegen Thieus Diktatur in der Befreiungsfront FLN gekämpft hatten oder ihr nahestanden und deshalb verfolgt wurden. „Alles, was die FLN versprochen hatte, hat Hanoi zunichte gemacht, eingeschlossen die FLN selbst“, klagt ein früheres Mitglied des Vietcong. „Die Kommunisten aus dem Norden trauen nur sich selber. In ihren Augen waren auch wir ‚Marionetten‘“, sagt ein prominenter Revolutionär aus dem Süden, der 20 Jahre lang für den Vietcong gekämpft hatte. Keiner der Männer, die während des Krieges als Führer des Vietcong aufgetreten waren, hat heute noch Einfluß. Madame Nguyen Thi Binh, die charmante Außenministerin des Vietcong, ist zwar Erziehungsministerin in Hanoi, gilt aber als „Paradeministerin für Ausländer“. Die Entscheidungen werden angeblich von ihren beiden Stellvertretern getroffen, die dem Zentralkomitee der Partei angehören. Sogar Tran Van Tra, der Vietcong-General, der Saigon befreite und ein paar Jahre lang regierte, wurde mundtot gemacht, als er es wagte, in einem Buch Hanois Version von der Befreiung zu bestreiten. Das Buch wurde verboten. In Saigon feiern heute vier Ausstellungen den Sieg von 1975 mit Photos, Dokumenten und Andenken, die ausländische Delegationen ehrfurchtsvoll betrachten, auch eine aus der Bundesrepublik, die Abzeichen mit der Inschrift „Vietnam ist unsere Sache“ auf der Brust trägt. Die Exponate sollen ausschließlich eines beweisen: die Rolle Hanois damals und die Führerschaft der Partei heute. Wenig wird gesagt über den harten Volkskrieg, den der Vietcong im Süden geführt hat.

Das symbolische Bild der Befreiung Saigons ist heute das des nordvietnamesischen Panzers, der das eiserne Tor zu Thieus Palast niederwalzt, anstelle jenes der bäuerlichen Vietcong-Kämpfer, die Bambusfallen bastelten und den verlustreichen Kleinkrieg im Hinterland führten. „Es ist unsere eigene Schuld. Wir meinten, wir kämpften für Unabhängigkeit und Wiedervereinigung unseres Landes, in Wirklichkeit kämpfte Hanoi für den Sieg der kommunistischen Diktatur", sagt nun ein katholischer Priester, der in der Opposition gegen Thieu aktiv mitgemacht hatte. [...]

Ohne allzuviel Widerstand hervorzurufen, hat der Partei- und Verwaltungsapparat Nordvietnams im Süden Fuß gefaßt. In den ersten Jahren gab es noch Nester bewaffneten Widerstandes gegen die neuen Herren. Ein Untergrundsender hielt die Hoffnung auf eine Wende noch eine Zeitlang aufrecht. All das ist vorbei. Das Regime trifft auf keine aktive Opposition mehr. Die Menschen haben sich damit abgefunden, daß sie mit diesem System fertig werden müssen. Ein Polizist pro hundert Familien und ein Netz schwer erkenntlicher Informanten hält eine Bevölkerung unter Kontrolle, die ohnehin eine Erlaubnis braucht, um reisen oder bei Freunden übernachten zu können. „Con An" (öffentliche Sicherheit) ist für alle Vietnamesen die gefürchtetste Institution. „Glücklicherweise sind sie käuflich", sagt ein Händler ironisch über die Polizisten. Alles hat seinen Preis, von einem Ausreisevisum bis zur Zuteilung eines Arbeitsplatzes. Mit ein paar Geldscheinen lassen sich Strafen umgehen: Ein Radfahrer, der angehalten wird, weil er das Rot der Ampel nicht beachtet hat, drückt dem Polizisten 20 Dong in die Hand. „Nein, nein", sagt er, „ich muß Onkel Ho direkt in die Augen sehen." Der Fahrer versteht und bietet statt der 20-Dong-Note, auf der Ho Chi Minh im Profil zu sehen ist, eine 50-Dong-Note dar, die sein volles Antlitz zeigt. Der Polizist greift zu. Korruption ist die Regel, nicht die Ausnahme. [...]

Parteikader haben im Süden die Sitte des Nordens eingeführt, in ihren Wohnungen Schweine zu züchten und sie mit Staatsfutter zu mästen. So ist das einst elegante Saigon aufs Schwein gekommen. Überall, wo Kader wohnen, hört man Schweine grunzen und schnüffeln, und selbst hohe Generale der Armee legen Wert darauf, ein Schwein in ihrem Wohnzimmer zu haben, wenn sie Gäste zu Tisch laden: Das Tier dient als Erklärung für den hohen Lebensstandard, der sonst auf Devisengeschäfte oder gar Opiumhandel in Laos und Kambodscha zurückzuführen wäre. „1975 meinte ich, das neue Regime würde entweder rosa oder rot“, sagt ein früherer Rechtsanwalt, der sich damals weigerte, das Land zu verlassen. „Nie hätte ich gedacht, daß es grau sein könnte. Dieses Regime hat unseren Herzen alle Lust genommen. Das ist unsere Tragik.“ Der Ruf moralischer Überlegenheit, den die Kommunisten gleich nach der Befreiung genossen, verblaßte, als das Volk merkte, „daß ihr Verhalten von Eigennutz diktiert wird, ihre Ethik Heuchelei ist, und daß sie niemals das tun, was sie sagen“, so eine Studentin, die am Tage der Befreiung 18 Jahre alt war.

Bernd Schiller

Unter Palmen –Paradiese auf Abruf

Der Strand hieß Ham Tien, und kein Reisebüro auf der Welt kannte ihn. Das zwanzig Kilometer lange Küstenstück aus dem Bilderbuch der Tropen gehörte allein den Fischern. Ihre Boote lagen unter Palmen, die sich bis über das türkisfarbene Wasser beugten. Die Straße zwischen dem Städtchen Phan Thiet und dem Dörfchen Mui Ne war eine Sandpiste. Das Städtchen schlief vor sich hin, das Dorf war noch nicht einmal ans Stromnetz angeschlossen. Gaslampen sorgten hin und wieder für funzliges Licht, und nur ein paar Rucksackreisende aus Australien, Frankreich und Deutschland fanden das romantisch. Sie schliefen direkt am Strand oder in schlichten Hütten, die ein paar Dong in die Haushaltskasse der Einheimischen brachten.

Diese Idylle liegt gefühlte fünfzig, sechzig Jahre zurück. Aber die paradiesischen Szenen waren noch bis weit in die neunziger Jahre des vorigen Jahrhunderts zu erleben. Erst seit 1995 wird der Flecken Mui Ne jeden Winter etwas dicker auf der Weltkarte der Traumziele markiert. Und heute? Längst gibt es keine unbebauten Strandgrundstücke mehr. Ein Hotel reiht sich ans andere, unterbrochen allenfalls durch Restaurants, Bungalowanlagen und die Verleihstationen für Jeeps und Mopeds, für ein gutes Dutzend Tauch-, Surf- und Kite-Schulen. Ein zweiter Golfplatz ist im Bau, obwohl schon beim ersten kritische Stimmen auf die Wasserprobleme hingewiesen haben, mit denen eine solche Luxusanlage die ganze Region belastet.

Die Straße hinterm Traumstrand ist asphaltiert, ihre Ränder sind zur Promenade ausgebaut. Am Nachmittag suchen Russen, Deutsche und Skandinavier nach ihren Stammlokalen, vergleichen die Preise der Motorrad- und Fahrradvermieter, warten darauf, dass mit Lichtfontänen und hämmernder Musik aus den Diskotheken die Signale für eine lange Nacht freigeschaltet werden. Dann rollen auch die Geländewagen der Aufsteiger aus Saigon und die Minibusse der kleinen Leute aus Phan Tiet an.

Ho Chi Minh hat vor hundert Jahren, bevor er Vietnam verließ, als Lehrer in dieser Provinzhauptstadt gearbeitet. Seine Reformschule, damals eine viel beachtete Alternative zum kolonialen, sehr französisch ausgerichteten Unterrichtssystem, wurde nach dem Krieg zur Gedenkstätte hergerichtet. Nebenan erinnert ein kleines Museum an sein Wirken. Heute aber fällt den meisten Vietnamesen zu Phan Tiet eher ein, dass von dort die meiste und angeblich auch beste Fischsoße stammt. Der Geruch von Nuoc Mam, dieser für die Landesküche so wichtigen Delikatesse, liegt über der ganzen Stadt und besonders penetrant über dem Hafen.

Phan Tiet und Mui Ne sind zu Synonymen für den Strandtourismus an den Küsten Vietnams geworden. Dabei hat der Boom ganz woanders angefangen, weiter nördlich, in der Großstadt Nha Trang. Dort war schon Bao Dai, der letzte Kaiser, baden gegangen, Ho Chi Minh was here, und vor zwanzig Jahren folgten, wie überall in Südostasien, die Pauschaltouristen den Rucksackreisenden. Heute flaniert ein bunt gemischtes Volk aus Globetrottern, russischen Neureichen und einheimischen Mittelständlern über eine Promenade, die den grauen, eher unansehnlichen Strand von einer heftig befahrenen Straße trennt.

Am südlichen Stadtrand genießen Gourmets aus aller Welt Fusion Food im Segelclub, noch etwas weiter außerhalb nimmt die Luxusklientel in den Villen des Ana Mandara Resorts in Kauf, dass der Strand schmal ist und der Autoverkehr auf der nahen Straße rund um die Uhr tobt. Wen soviel Nähe zu Land und Leuten doch stört, wird noch tiefer in die Tasche greifen müssen und sich mit dem Boot ins Resort der Sechs Sinne auf die Halbinsel Hon Heo übersetzen lassen.

Fast fünfhundert Kilometer weiter nördlich gingen während des Krieges zahlreiche amerikanische Soldaten ins Wasser. Rest and Recreation hieß das Programm damals am China Beach. Die GIs wussten nicht, dass sie aus den nahen Hügeln vom Vietcong beobachtet wurden. Und sie werden noch viel weniger geahnt haben, dass hier, zwischen Da Nang und Hoi An, keine zwanzig Jahre nach ihrer Niederlage ein internationales Publikum – darunter viele junge Surfer aus dem Global Village – in einem sozialistisch-turbokapitalistischen Vietnam Urlaub unter Palmen machen würde.

Die Strände bei My Khe (China Beach) sind auch deshalb so beliebt, weil gleich mehrere weltberühmte Kulturstätten in bequemen Tagesausflügen besucht werden können: Richtung Norden führt eine beliebte Fahrradtour nach Da Nang, die mit über einer Million Einwohnern drittgrößte Stadt des Landes. Die einzige, aber dafür umso bedeutendere Sehenswürdigkeit ist das Cham-Museum, das die wichtigsten Monumente der Chamkultur zeigt. Nach sensationellen Funden, die vor allem dem Franzosen Henri Parmentier zu verdanken waren, war es 1919 gegründet worden.

Ein paar Kilometer südlich von China Beach liegt Hoi An, einst Vietnams Tor zur Welt, heute eine Art fernöstliches Rothenburg und Standardziel jeder Rundreise. Von dort nur eine halbe Autostunde ins Binnenland hinein entfernt ist My Son erreicht, einst Hauptstadt und religiöses Zentrum des alten Cham-Reiches. Weltweiten Protesten zum Trotz bombardierten die Amerikaner die Ruinenstadt, deren Ursprünge ins vierte Jahrhundert reichen. Wie Hoi An erhielt auch My Son 1999 den Status eines Weltkulturerbes zugesprochen.

Noch rahmen nur wenige Herbergen die Strände beiderseits von Da Nang ein. Aber auch eine Karriere wie sie Mui Ne seit gut fünfzehn Jahren erlebt, lässt sich in der Region zwischen Wolkenpass und Hoi An vorstellen. Sie kann schon morgen einsetzen und die Region innerhalb weniger Monate verändern. Geschichten über Vietnams Strände können deshalb immer nur Momentaufnahmen mit geringem Haltbarkeitswert sein. Das beweist am besten die Entwicklung von Mui Ne.

Dort, im malerischen Nirgendwo, baute im März 1995 ein deutsch-französisches Ehepaar das erste Komfort-Resort im kommunistischen Vietnam, damals ein Joint Venture mit dem lokalen Parteikomitee: fünfzehn Bungalows und eine Strandbar. Von Freunden in Europa und erst recht von Europäern in Vietnam wurden die beiden belächelt oder als äußerst mutig angesehen. Von einer Erfolgsgeschichte, wie sie bald darauf am legendären Strand von Ham Tien begann und so zur Initialzündung einer ganzen Region wurde, hatten allerdings auch die beiden Pioniere nicht zu träumen gewagt.

Jutta Rattensperger aus Augsburg hatte als Au-Pair in Paris gearbeitet und später in der Luxus-Hotellerie Karriere gemacht. In Monaco hatte sie Daniel Arnaud kennengelernt, der ihr Mann wurde. Auf einer Vietnamreise waren sie bei einem Ausflug von Saigon eher zufällig nach Mui Ne gelangt. Sie waren sich schnell einig: Das ist es, hier würden sie ihre Vision vom Leben an einem exotischen Strand verwirklichen.

Die Sonnenfinsternis im Herbst 1995, ein paar Monate nach der Eröffnung ihres Coco Beach Resorts, brachte den Durchbruch. Überall war zu lesen gewesen, dass das Naturschauspiel an der Küste, genau östlich der Hauptstadt, am besten zu sehen sein würde. Und sie, die Arnauds, konnten wenigstens ein paar komfortable Betten anbieten, nach denen die Himmelsgucker aus Hanoi, Saigon und aus der ganzen Welt suchten. Vier Jahre später kam ein Pool hinzu, die Zahl ihrer Bungalows verdoppelte sich, rechts und links wuchsen immer mehr Herbergen aus dem grünen Streifen am Strand, einige wenige überragen inzwischen sogar die Palmwipfel.

Die Arnauds haben Krisen so gut überstanden wie den Boom, der zum Beispiel Thailand vor den Unruhen immer wieder mal das Augenmaß verlieren ließ. Größer soll ihr Hotel jedenfalls nicht mehr werden. Das würden die vielen Stammgäste nicht wollen. Im Resort sind neben Kellnern und Zimmermädchen auch Maler, Elektriker, Bäcker, Schreiner und acht Gärtner beschäftigt, hundert einheimische Kräfte insgesamt. Auch Phuong am Empfang gehört zu diesem Team. Aber die junge Frau weiß nicht genau, ob sie sich als Vietnamesin fühlen soll. Sie ist in Deutschland als Kind von Flüchtlingen geboren, eine Viet Khieu also, eine Auslandsvietnamesin. Von ihren Kolleginnen wird sie, die noch nicht alle Feinheiten der Landessprache beherrscht, nicht immer als „Kleine Schwester" angenommen.

Auf dem Weg zu den berühmt gewordenen roten und weißen Dünen, ein Ausflug, wie ihn jedes Hotel anbietet, treffen wir im Hafen von Mui Ne den Fischer Thi Hai. Phuong hilft uns, mit ihm ins Gespräch zu kommen. Jede Nacht fährt der Dreißigjährige mit seinem Bruder im eigenen kleinen Boot aufs Meer hinaus. Den Fang verkauft er am frühen Morgen an resolute Frauen, die lautstark mit ihm feilschen. Diese Zwischenhändlerinnen lassen die kleinen Fische und Garnelen in Körbe verpacken, wenig später rollt die Fracht mit den Fängen von Thi Hai und seinen Kollegen zu den Hotels, Restaurants, zu den Fischfabriken in Phan Tiet und zu den Großhändlern nach Saigon.

Ein paar Stunden Schlaf, dann wird Thi Hai die Netze flicken. Sein nächtlicher Einsatz, gut sechs Stunden auf oftmals rauer See, bringt ihm selten mehr als umgerechnet drei, vier Euro ein. Die muss er sich mit seinem Bruder teilen. Thi wohnt mit Frau und Kind in einem gemieteten Zimmer. Sein Sohn ist erst vier. Ob er eines Tages auch, wie der Vater und wie einst der Großvater, jede Nacht zum Fischen hinausfahren wird, weiß Thi Hai noch nicht. Er würde ihm ein leichteres Leben wünschen, mit etwas mehr Geld und Abwechslung. Eine gute Schulbildung, das ist es, was Thi seinem Sohn vor allem bieten will.

Dreihundert Kilometer südwestlich vom kleinen Hafen Mui Ne entfernt, auf der Insel Phu Quoc, malt sich ein anderer Fischer eine großzügigere Perspektive aus. Nguyen Van Dem ist fünfundfünfzig Jahre alt. Er besitzt an der Westküste dieser Insel ein großes Strandgrundstück, das jeden Reiseprospekt zieren würde. Bislang lebt er mit seiner Familie und einigen Nachbarn, die auch vom Fischfang leben, allein im Paradies. Aber Nguyen träumt davon, dieses Stück Land irgendwann an eine Hotelkette zu verkaufen.

Vom großen Geld träumt er und von einer rosigen Zukunft für seine vier Kinder. Studieren sollen sie, Karriere machen in Saigon, vielleicht sogar in Paris. Bis es soweit ist, fährt er allerdings, kaum anders als sein Kollege in Mui Ne, jeden Abend aufs Meer. Und wenn er tagsüber keine Netze repariert oder mit seinen Nachbarn Karten spielt, schaukelt er zwischen zwei Palmen in der Hängematte und überlegt, was er eines Tages mit seinen Millionen, die er bislang nur im Kopf und auf keinem Konto hat, anfangen soll.

Auch die Regierung in Saigon und die lokalen Politiker auf Phu Quoc jonglieren mit Millionen. Zwar verlieren sich derzeit selbst in der Hochsaison nur ein paar tausend Touristen auf dieser Insel. Sie ist kleiner als der Stadtstaat Hamburg, und sie soll doch, wenn alle Pläne wirklich umgesetzt werden, vielleicht 2020, ein Badeparadies für Millionen werden: mit internationalem Flughafen, Nachtleben, vielen Fünf-Sterne-

Hotels und womöglich mit Wellness-Oasen in jeder Bucht.

Phu Quoc liegt nur ein paar Kilometer vor der Küste Kambodschas, gehört aber zu Vietnam. Zu jenem Vietnam, in dem es nicht nur in den Großstädten brodelt und wimmelt, wo sich die Besucher auch in kleineren Orten an der Hand fassen müssen, um sich durch den Strom der Mopeds und Hondas auf die andere Straßenseite zu tasten.

Aber auf dieser Insel, sozusagen jenseits von Vietnam, ist vieles anders: Fischer wie Nguyen Van Dem sitzen unter der Palme und flicken in aller Seelenruhe an ihren Netzen herum. Auf den Märkten werden die Früchte, die Garnelen und sogar das angebotene Plastikspielzeug lange und geradezu genüsslich befühlt und besprochen. In den Häfen nehmen sich die Männer reichlich Zeit für eine Zigarettenpause, bevor sie ihre Lastkähne weiter beladen. Und nirgendwo anders in Vietnam kann die Sonne so malerisch untergehen wie auf Phu Quoc, denn nur diese Insel hat eine Küste, die nach Westen schaut.

Ein Band von perlweißen Stränden, allesamt von Kokospalmen gesäumt, umrahmt ein grünes Stück Land, fünfhundertsechsundachtzig Quadratkilometer groß, aus dem bis zu fünfhundert Meter hohe Berge ragen, von Urwald und Gewürzplantagen bewachsen. Knapp achtzigtausend Insulaner leben auf Phu Quoc, die meisten im Hauptstädtchen Duong Dong, der Rest in Dörfern, die man malerisch nennen darf. Und in gerade mal zwei Dutzend Bungalowanlagen, Hotels und den benachbarten Strandlokalen und Beachbars fühlen sich vor allem Individualisten wohl, Traveller jeglichen Alters und unterschiedlicher Herkunft. Viele bleiben drei, vier Wochen und länger, sie können sich in dieser Zeit so gut wie jeden Tag eine andere Traumbucht suchen, nicht selten eine für sich ganz allein.

Die Zustände waren nicht immer und nicht für alle so paradiesisch. Die Franzosen, auf Phu Quoc nicht weniger brutal als anderswo im alten Indochina, steckten hier wenige Kriminelle und viele politische Gegner in ein Lager. Diese Gefangenen waren es, die unter Zwang die ersten Plantagen anlegen mussten. Bis heute tragen Gewürze, vor allem Pfeffer, zum bescheidenen Wohlstand der Insel und ihrer Bewohner bei. Und es ist gerade mal etwas über dreißig Jahre her, dass die Roten Khmer und ihre Todesschwadronen aus dem nahen Kambodscha auch auf Phu Quoc Angst und Schrecken verbreiteten.

Geschichte, Vergangenheit. Niemand redet gern drüber. Denn eines hat die Insel doch mit dem Mutterland gemeinsam: Kein Vietnamese schaut zurück, nur die Zukunft zählt. Auch auf Phu Quoc ist das so. Aber dennoch rosten an der Südwestküste seit Jahren die schweren Bulldozer vor sich hin, die dort schon lange einen Flughafen für Düsenmaschinen aus aller Welt vorbereiten sollten. Nach wie vor landen also nur Propellerflugzeuge auf einem sehr übersichtlichen Rollfeld bei Duong Dong. Für die Stammgäste, die Phu Quoc seit ein paar Jahren besuchen und die Insel am liebsten für sich behalten würden, müsste sich das nicht ändern. Für sie bleibt der Masterplan, der mit Millionen jongliert, Gästen wie Geld, ein einziger Albtraum.

Nicht so für Nguyen Van Dem, unser Fischer mit der Hoffnung aufs große Los. Wir hatten ihn übrigens durch Freund Brad kennengelernt. Brad West aus Vancouver ist so einer, der auf diese Insel, wie sie jetzt noch ist, passt. Ein halbes Jahr verdient er Geld in Kanada, offensichtlich gutes Geld. Das andere halbe Jahr, wenn es in Kanada noch kälter als bei uns ist, genießt er das einfache Leben auf Phu Quoc. Er schwimmt und joggt jeden Morgen, schwadroniert gerne ausgiebig in seinem Stammlokal, und auch die Stunden, die er wie sein Freund Nguyen unter der Palme verbringt, sind mit Muße gesegnet. Brad, der Lebenskünstler, hat viele Freunde, einheimische wie ausländische. Hin und wieder sammelt er von ihnen Geld und Gut ein, Reis, Früchte, alles, was arme und kranke Leute gut gebrauchen können. Er besucht sie im Hospital oder in ihren Strandhütten. Er verteilt die Spenden und lässt sich dabei in aller Ruhe Neuigkeiten und zusätzlich ein paar Geheimnisse erzählen. Das macht ihn glücklich: „Die Insel hat mir verdammt viel gegeben. Da ist es doch nur logisch, dass ich ihr ein bisschen davon zurückschenke, oder?"

An den Puderzucker-Stränden von Bai Sao oder Bai Dam rinnen die Tage wie der feine Sand durch die Finger. Die Stimmung erinnert an die Zeit vor dreißig Jahren auf den Thai-Inseln Ko Samui oder Phuket, bevor dort mit dem Boom die Reste des alten Asiens verschwanden. Noch teilen sich im Süden von Phu Quoc Fischer und Fremde den Strand wie damals bei Mui Ne. Gerade mal zwei kleine Kneipen, auf Stelzen gebaut und mit wackligen Stühlen möbliert, bieten, wenn der Strom und der Generator nicht gerade gemeinsam ausgefallen sind, kaltes Bier und gut gewürzte Riesengarnelen vom Grill an.

Auf dem Rückweg schlägt Brad Schleichwege vor, durch Dschungel, vorbei an Wasserfällen, und riesigen Gärten, wo der Pfeffer wächst, aber auch an Fabriken, in denen eine ebenso stinkende Fischsoße wie in Phan Tiet hergestellt wird. Nirgendwo allerdings, schon gar nicht auf dem Festland, so sagen die Leute auf Phu Quoc, sei diese Nuoc Mam so aromatisch, so gut wie auf ihrer Insel.

Glossar

Hinweis zur Schreibweise

Vietnamesisch wird seit dem 17. Jahrhundert in lateinischen Buchstaben geschrieben (vorher in chinesischen Schriftzeichen). Es ist eine phonetische Schrift; zusätzliche Zeichen deuten auf die Aussprache hin. Um der besseren Lesbarkeit willen haben wir uns aber der allgemeinen westlichen Regelung angeschlossen und auf Akzente und diakritische Zeichen verzichtet, die die jeweilige Tonhöhe markieren. Ebenso haben wir bei Ortsnamen die im Westen am häufigsten verwendete Form gewählt: also Saigon statt Sai Gon, Dalat statt Da Lat. Es gibt dabei selbst in Vietnam keine verbindliche Regelung, sodass auch die Schreibweisen im Duden und anderen Rechtschreibwerken nur als Empfehlungen aufgefasst werden können.

Agent Orange militärischer Codename für ein hochgiftiges Herbizid, das die Amerikaner im Vietnamkrieg in großem Umfang und mit bis heute anhaltender grausamer Wirkung einsetzten. Ziel war zunächst, die Wälder zu entlauben, um die Verstecke des Vietcong sichtbar zu machen. Später wurde das krebserregende Gift auch über Äckern und Feldern versprüht, um der Bevölkerung die Nahrungsgrundlage zu entziehen.

Annam historische Bezeichnung für den mittleren Landesteil mit der Küste und dem zentralen Bergland um Dalat. Heute wird das ehemals französische Protektorat Trung Bo genannt.

Ao Dai traditionelles, zumeist weißes, sehr anmutig wirkendes Kleidungsstück der Frauen: weite Hose, darüber eine Art seitlich geschlitzte Tunika; heute vorwiegend von Oberschülerinnen getragen.

Boat People Bezeichnung für Vietnamesen, zumeist aus Südvietnam und häufig chinesischer Herkunft, die nach dem Sieg der Kommunisten und der Wiedervereinigung des Landes übers Südchinesische Meer zu flüchten versuchten. Nach internationalen Schätzungen starben dabei etwa zweihundertfünfzigtausend Menschen.

Champa/Cham Gut tausend Jahre, vom 5. bis zum 15. Jahrhundert, erstreckte sich das Reich Champa der hinduistischen Cham von der Mitte Vietnams bis in den Süden von Laos. Die steinernen Relikte ihrer Hochkultur, zum Beispiel in My Son, gehören zu den Höhepunkten einer jeden kulturell orientierten Vietnam-Rundreise. Heute leben nur noch kleine Chamgruppen im Mekong-Delta und in Kambodscha, die meisten von ihnen sind Muslime.

Cochinchina während der französischen Kolonialzeit der Begriff für den südlichen Landesteil; heute wird die Region Nam Bo genannt.

Cyclo Fahrradrikscha; besonders in den Großstädten verdrängen der rasant wachsende Verkehr und rigide angewandte Verbote das Traditionsgefährt immer stärker.

Dinh Gemeinde- oder Rathaus in ländlichen Regionen; auch als „Kulturzentrum" für Feste und Vorführungen genutzt. In vielen Orten mit dem Tempel der lokalen Schutzgötter verbunden (siehe *Den*).

Doi Moi wörtlich „Erneuerung"; die vietnamesische Variante der Perestroika; gemeint sind Wirtschaftsreformen ab 1986, die den Boom der nachfolgenden Jahre möglich machten.

FNL Abkürzung für „Front National de Libération du Sud Vietnam". Die Nationale Front für die Befreiung Südvietnams war ein kommunistisch geführtes Bündnis, das seit Ende 1960 einen bewaffneten Untergrundkampf gegen das autoritäre, von den Amerikanern unterstützte Regime Diem in Südvietnam führte. Die Amerikaner prägten für diese zähen und hoch motivierten Rebellen den Begriff Vietcong („vietnamesischer Kommunist"), der sich später vor allem im Westen als Bezeichnung für die Guerillakämpfer (im Gegensatz zur regulären Armee Nordvietnams) durchsetzte. Die amerikanischen Soldaten nannten ihre Gegner auch schlicht „Charlie", abgeleitet von den Buchstaben VC (Vietcong) im militärischen Buchstabier-Alphabet.

Hoi Quan chinesische Versammlungs- und Clanhäuser, zugleich tempelähnliche Räume für Ahnen- und Götterverehrung (zum Beispiel in Hoi An).

Honda Om im Süden die Bezeichnung für Motorradtaxi, für alle Marken gebräuchlich; im Norden werden sie Xe Om genannt.

Khin ethnische Vietnamesen, auch Viet genannt; im Gegensatz zu den vielen Minderheitsvölkern im nördlichen und zentralen Bergland und zu den Vietnamesen chinesischer Herkunft.

Nuoc Mam Fischsoße, die zu fast jedem Essen gehört. Unbedingt probieren – aber keinesfalls als Souvenir mit nach Hause nehmen; der Geruch ist äußerst penetrant und dringt durch jede Verpackung.

Pho Suppe. Das Wort steht auf vielen Schildern am Straßenrand und weist auf einen landestypischen Imbiss hin.

Tet das vietnamesische Neujahrsfest, das sich nach dem chinesischen Mondkalender richtet. Der Begriff wurde im Westen durch die Tet-Offensive im Vietnamkrieg bekannt. Sie begann am 31. Januar 1968, kurz vor dem vietnamesischen Neujahrsfest.

Tongkin (auch Tonking) ehemaliges Protektorat in der französischen Kolonialzeit, heute der nördlichste der drei Landesteile, auf Vietnamesisch „Bac Bo".

Viet Khieu Auslandsvietnamesen; sie spielen heute eine wichtige Investorenrolle in der vietnamesischen Wirtschaft.

Religion, Philosophie und Volksglaube

Amithaba im vietnamesischen Mahayana-Buddhismus der Buddha der Vergangenheit, auf Vietnamesisch „A Di Da".

Avalokiteshvara im fernöstlichen Buddhismus der Buddha des Mitgefühls; im vietnamesischen Mahayana-Buddhismus als weibliche Gottheit der Barmherzigkeit (Quan Am) verehrt.

Buddhismus Die Lehre vom Leid und den Möglichkeiten seiner Überwindung geht auf den Fürstensohn Siddhartha Gautama aus Nordindien zurück, den historischen Buddha. Während in den Nachbarländern

Laos und Kambodscha die Schule des Theravada vorherrscht (Alte Lehre) – auch Hinayana (Kleines Fahrzeug) genannt –, mischt sich in Vietnam eine Form des Mahayana-Buddhismus (siehe *Mahayana*) mit Volksglauben und Elementen des Taoismus und Konfuzianismus.

Cao Dai (auch Caodai) Die erst 1926 gegründete Religionsgemeinschaft bedient sich in ihrer Lehre und in der Ausstattung ihrer prunkvoll bis kitschig wirkenden Tempel bei Jesus, Mohammed, bei Buddha und anderen Religionsstiftern und sogenannten „hohen Geistern". Zu denen zählen die Caodaisten nicht nur Konfuzius und Laotse, sondern auch die Jungfrau von Orleans, Churchill, Lenin und den französischen Dichter Victor Hugo. Die Anhänger des Cao Dai glauben an den Kreislauf der Wiedergeburten; sie wollen Liebe, Menschlichkeit und Gerechtigkeit auf Erden mit Hilfe eines gemischten Angebots aus fast allen Weltreligionen erreichen. Die etwa drei Millionen Gläubigen leben nur in Südvietnam; im Mekong-Delta sind sie besonders stark vertreten.

Chua buddhistische Pagode

Den Tempel oder Andachtsstätte zur Verehrung von Schutzgeistern, aber auch Gedenkstätte für Ahnen, soldatische Helden und Dorfgründer.

Konfuzius latinisierter Name des chinesischen Weisen Kong (Kung oder Cung) Fu Tsi, auf Vietnamesisch „Khon Tu" (um 551–479 v. Chr.); Begründer einer Moralphilosophie, die dem Menschen vor allem soziale Pflichten auferlegt. Weil er das Handeln des Menschen für die Harmonie im Ganzen verantwortlich macht, wird seine Staats- und Sittenlehre seit Jahrhunderten auch als Religion verstanden.

Mahayana Der Sanskrit-Begriff steht für „Großes Fahrzeug“. Damit ist die Reformrichtung gemeint, die circa fünfhundert Jahre nach dem Tod des historischen Buddha (um 480 v. Chr.) entstand. Während die ursprüngliche Lehre (Theravada oder Kleines Fahrzeug: Hinayana) davon ausgeht, dass nur jeder selbst für die Überwindung des Leids und des ewigen Kreislaufs der Wiedergeburten verantwortlich ist, setzen die Mahayana-Buddhisten auf Bodhisattvas: gottgleiche Wesen, die schon erleuchtet sind, aber auf dem Weg ins Nirwana warten, bis alle Menschen diesen Weg gefunden haben. Es gibt viele Schulen und Richtungen im Mahayana-Buddhismus; in Vietnam wird er undogmatisch und zumeist in Verbindung mit den chinesischen Weisheitslehren Daoismus und Konfuzianismus gelebt.

Maitreya im Mahayana-Buddhismus der Buddha der Zukunft, auf Vietnamesisch „Phat Di Lac“. Er wird in Vietnam und noch mehr in China gern als lachender, dickbäuchiger „Buddha“ dargestellt und in dieser Form von westlichen Besuchern oft fälschlich für den Buddha schlechthin gehalten.

Ngoc Hoang entspricht in Vietnam dem chinesischen Jadekaiser. Diese in ganz Fernost populäre Figur aus uraltem Volksglauben wurde zur höchsten Gottheit im Daoismus, ist aber auch im Konfuzianismus zu finden.

Quan Am siehe *Avalokiteshvara*

Taoismus (Daoismus) Religion und Lebensphilosophie, die auf den chinesischen Weisen Laotse (circa 6. Jh. v. Chr.) zurückgeht. Sie steht im Gegensatz zur strengen Lehre des Konfuzius für einen Weg (Tao) der Geduld und Gelassenheit. Kosmologie und der Ausgleich von Yin und Yang sind die wichtigsten Pfeiler dieser aus China stammenden Denkschule. In Vietnam wird sie weniger philosophisch als vielmehr pragmatisch in den Alltag integriert; Daoisten haben in ihren Tempeln keinerlei Berührungsprobleme mit buddhistischen und anderen Kult- und Symbolelementen.

Thien Hau Schutzgöttin der Seeleute und Fischer (im Taoismus).

Tu Phu Die „vier heiligen Mütter" stehen in den taoistischen Tempeln für die vier Himmelsrichtungen sowie für Himmel, Erde, Wasser und Wald.

Yin und Yang Das dualistische Prinzip der polaren Kräfte: Yang steht für die Sonne, für Wärme, für die Aktivität und für das Männliche, Yin hingegen für den Schatten, für die Kälte, für die Passivität und für das Weibliche. Das Ziel fernöstlicher Weisheiten und Religionen, vor allem des Taoismus, ist es, Harmonie zwischen beiden Elementen anzustreben. Yin und Yang bedingen einander; ihr Verhältnis sollte möglichst ausgeglichen sein. Anwendung findet dieses Prinzip der Ausgewogenheit unter anderem bei der Speisenzubereitung, in der traditionellen chinesischen Medizin oder auch beim Hausbau (Feng-Shui).

Zeittafel

Vor- und Frühgeschichte

8.–3. Jh. v. Chr. Dong-Song-Kultur: Übergang von der Bronzezur Eisenzeit; benannt nach dem Fundort vieler Artefakte im Norden des heutigen Vietnams.

circa 4. Jh. v. Chr. Volksstämme, vermutlich pazifisch-indonesischer Herkunft, wandern aus Südchina ins Delta des Roten Flusses ein.

3. Jh. v. Chr. Au Lac, das erste vietnamesische Königreich entsteht.

Tausend Jahre chinesische Herrschaft

111 v. Chr. Eroberung von Au Lac durch Truppen des Han-Kaisers Wu Di.

930 n. Chr. Der Widerstand gegen die chinesische Herrschaft wächst.

938 Die Chinesen werden durch General Ngo Quyen vertrieben. Es folgen Machtkämpfe und Bürgerkriege.

Dynastien, Könige, Kaiser

968 Das Königreich Dai Co Viet entsteht. Der chinesische Einfluss in Religion und Staatsphilosophie bleibt stark.

1009–1407 Das Reich Dai Viet wird von der Hauptstadt Thang Long, dem späteren Hanoi, zentralistisch regiert.

1407–1427 Erneute chinesische Besatzung (Ming-Dynastie).

1428–1672 zahlreiche Machtkämpfe verschiedener vietnamesischer Fürstengeschlechter, aus denen zwei Feudalfamilien siegreich hervorgehen: die Trinh und die Nguyen.

1673 Reichsteilung: Die Trinh herrschen fortan glücklos im Norden, die Nguyen breiten sich ab 1687 von ihrer Hauptstadt Phun Xuan, dem heutigen Hue, immer weiter nach Süden aus, vertreiben dort die Cham und stoßen bis ins Khmer-Reich, dem heutigen Kambodscha, vor.

16./17.Jh. Europäer gründen erste Missions- und Handelsstationen.

1771–1802 Nach unruhigen Zeiten mit zahlreichen Aufständen ernennt sich Fürst Nguyen Anh 1802 zum Kaiser Gia Long und vereint das geteilte Land.

1804–1883 Das neue Kaiserreich Viet Nam wird aus Hue regiert.

Französische Kolonialzeit

1858 Französische Truppen stoßen von Tourane (heute Da Nang) nach Süden vor.

1863–1899 Es entstehen die Kolonien Cochinchina im Süden sowie die Protektorate Tonkin im Norden und Annam in Zentralvietnam. Die Kaiser in Hue bleiben auf ihrem Thron sitzen, werden aber zunehmend zu Marionetten der Kolonialherren degradiert.

ab 1900 Im Volk regt sich heftiger Widerstand gegen die Fremdherrschaft.

1930 In Hongkong wird die Kommunistische Partei Vietnams gegründet.

1941 Ho Chi Minh kehrt nach dreißigjährigem Exil nach Vietnam zurück. Die Vietminh-Bewegung, eine Liga für die Unabhängigkeit Vietnams, wird gegründet.

1940–1945 Japan hält Vietnam besetzt, duldet aber weiterhin die französische Verwaltung.

2. September 1945 Die Vietminh unter Ho Chi Minh rufen in Hanoi die Demokratische Republik Vietnam (DRV) aus.

1946–1954 Zunächst erkennen die Franzosen die DRV an, bombardieren aber kurz darauf die Hafenstädte Haiphong und Saigon. Erst nach der Niederlage von Dien Bien Phu am 7. Mai 1954 endet der Erste Indochinakrieg und mit ihm endgültig die französische Herrschaft über Vietnam.

21. Juli 1954 Genfer Abkommen: Teilung des Landes am 17. Breitengrad in Nord- und Südvietnam.

Blutiges Zwischenspiel

1955 Im Süden verhelfen die Amerikaner dem Katholiken Ngo Dinh Diem zur Macht, die dieser diktatorisch ausübt.

ab 1960 Die Nationale Befreiungsfront (FNL), bekannt geworden als Vietcong, kontrolliert immer mehr Gebiete in Südvietnam.

1963 Nach dem brutalen Terror der Diem-Clique, vorwiegend gegen Buddhisten, putscht das Militär mit CIA-Hilfe gegen Diem und ermordet ihn.

Der Vietnamkrieg

1./2. August 1964 Die USA provozieren einen Zwischenfall im Golf von Tonkin und bombardieren anschließend Nordvietnam – ohne Kriegserklärung.

8. März 1965 Die ersten amerikanischen Truppen landen am China Beach bei Da Nang: Dieser Tag markiert den Beginn des Zweiten Indochinakriegs, der bei uns als Vietnamkrieg, in Vietnam als Amerikanischer Krieg in die jeweiligen Geschichtsbücher eingegangen ist.

31. Januar 1968 Beginn der Tet-Offensive der nordvietnamesischen Truppen und des Vietcong am Vorabend des vietnamesischen Neujahrstags. Der Kriegseinsatz der Amerikaner wird immer rücksichtsloser, weite Teile der Weltöffentlichkeit, auch im Westen, stellen die Argumente der USA für ihren Kampf in Vietnam infrage.

30. April 1975 Die Amerikaner flüchten Hals über Kopf aus Saigon. Einer der grausamsten Kriege der Weltgeschichte endet mit der schmählichen Niederlage der hochgerüstetsten Nation der Erde gegen ein kleines Volk von Reisbauern.

Die Wiedervereinigung

2. Juli 1976 Mit Gründung der Sozialistischen Republik Wiedervereinigung Nord- und Südvietnams. Die Landwirtschaft wird kollektiviert. Vor Verstaatlichung ihrer Geschäfte und den sogenannten Umerziehungslagern der Kommunisten flüchten mehr als 1,5 Millionen Menschen, die meisten aus Südvietnam, in kleinen Booten über das Südchinesische Meer (Boat People). Dabei kommen mindestens 250 000 Flüchtlinge ums Leben.

1978 Vietnam besetzt Kambodscha, stürzt das Terror-Regime um Pol Pot und zieht sich damit Chinas Zorn zu, Kambodschas Verbündetem. Der große Nachbar zettelt daraufhin im Norden Vietnams einen Grenzkrieg als „Strafaktion" an.

Das neue Vietnam

1986 Doi Moi (Erneuerung): Das Reformprogramm ermöglicht private Investitionen.

1994 Mit dem Ende des amerikanischen Embargos beginnt ein Wirtschaftsaufschwung, der auch den zahlreichen Krisen der folgenden Jahre trotzt, zum Beispiel dem asiatischen Finanzdebakel 1997/1998, SARS und der globalen Wirtschaftskrise ab 2008.

Seit Mitte der 1990er Jahre gehört Vietnam zu den beliebtesten Reisezielen in Südostasien.

2007 Vietnam wird Mitglied der Welthandelsorganisation WTO.

2008/2009 Vietnam gehört als nichtständiges Mitglied dem Sicherheitsrat der Vereinten Nationen an. Die Beziehungen zur Europäischen Union, besonders zu Deutschland, sind gut. Die USA sind, gut 35 Jahre nach Kriegsende, Vietnams wichtigster Exportpartner.

Quellennachweis

Bernd Schiller
„Guten Morgen in Vietnam“. Originalbeitrag

Bernd Schiller
Zügig in die Zukunft. Originalbeitrag

Benno Kroll
Saigon – Der süße Reiz der neuen Zeit, aus: ADAC Reisemagazin Nov./Dez. 2004.

Alexander Smoltczyk
Die Hauptstadt macht Tempo, aus: Merian 3/2007. © Alexander Smoltczyk / Merian / Jahreszeiten Verlag

Bernd Schiller
Unterwegs im Bergland – Rote Hmong und Weiße Tai. Originalbeitrag

Otto E. Ehlers
Der Ritt ins Europäerviertel, aus: Ders., Im Sattel durch Indo-China, Bd. 2. Allgemeiner Verein für Deutsche Litteratur 1901

Georg Wegener
In der Drachenbucht, aus: Ders., Der Zaubermantel. Erinnerungen eines Weltreisenden, 3. Aufl. F. A. Brockhaus 1920

Bernd Schiller
Bonjour Dalat. Originalbeitrag

Alice Blohmann
Das Fruchtbare, aus: Vietnam – Genussreise und Rezepte. © by Walter Hädecke Verlag, Weil der Stadt 2000

Bernd Schiller
Die Suche nach dem „Liebhaber“. Originalbeitrag

Graham Greene
Der Papst im Reisfeld, aus: Ders., Der stille Amerikaner. Aus dem Englischen von Walter Puchwein und Käthe Springer. © Paul Zsolnay Verlag Wien 1958 und 1973

Bernd Schiller
Blut und rote Rosen. Originalbeitrag

Winfried Scharlau
Die Tet-Offensive, aus: Ders., Vier Drachen am Mekong. Asien im Umbruch, © 1989, Deutsche Verlags-Anstalt, München, in der Verlagsgruppe Random House GmbH

Duong Thu Huong
Aschekuchen zum Neujahrsfest, aus: Dies., Liebesgeschichte, vor der Morgendämmerung erzählt. Übersetzt aus dem Vietnamesischen von Ursula Lies. © Horlemann 1992

Tiziano Terzani
Sogar die Toten wurden betrogen, aus: Ders., Asien, mein Leben. © 2008, Deutsche Verlags-Anstalt, München, in der Verlagsgruppe Random House GmbH

Bernd Schiller
Unter Palmen – Paradiese auf Abruf. Originalbeitrag

Trotz aller Bemühungen ist es uns nicht gelungen, für einige Texte die Urheberrechtsverwalter zu ermitteln. Wir bitten diese, sich gegebenenfalls mit uns in Verbindung zu setzen.

Autoren

Alice Blohmann (geb. 1965), die studierte Ökotrophologin arbeitete als Foodjournalistin für große Zeitschriften und den Hörfunk. Seit 2004 ist sie Produktmanagerin und Chefredakteurin des Privatsenders Radio Schleswig-Holstein. Sie arbeitet auch als freie Autorin und hat seit Jugendjahren eine ausgeprägte Vorliebe für Reiseziele in Südostasien.

Duong Thu Huong (geb. 1947), die vietnamesische Schriftstellerin gilt als Exponentin der literarischen Renaissance in ihrem Land. Im Vietnamkrieg ging sie freiwillig an die Front. Später fiel sie wegen ihres Eintretens für Demokratie und Meinungsfreiheit in ihrer Heimat in Ungnade. Es folgte der Ausschluss aus der Partei, 1991 wurde sie für ein halbes Jahr inhaftiert. Im selben Jahr erhielt sie den Prix Femina und den UNESCO-Literaturpreis. Danach stand sie in Hanoi immer wieder unter Hausarrest, seit 2006 lebt sie in Frankreich. Sie versteht ihre schriftstellerische Arbeit als einen „Kampf, andere von der Notwendigkeit der Demokratie und dem Einhalten der Menschenrechte zu überzeugen".

Otto E. Ehlers (1855–1895), der Hamburger Architektensohn war zunächst Landwirt im Holsteinischen und Gutsbesitzer in Pommern, bevor er sein Fernweh mit seinem schriftstellerischen Talent verband. Er bereiste Afrika, wo er den Kilimandscharo fast bis zum Gipfel bestieg, war danach in Indien, im Himalaya, Südostasien, in China und in der Südsee unterwegs, meistens auf sehr abenteuerliche Weise. Während einer Expedition in den nordöstlichen Teil von Neuguinea, damals Kaiser-Wilhelms-Land, wurde er von seinen Trägern ermordet.

Graham Greene (1904–1991), in aller Welt und besonders in Deutschland geschätzter Autor zahlreicher Romane und Dramen, der auch als Journalist und Drehbuchautor (unter anderem „Der Dritte Mann") sehr erfolgreich war. Die meisten seiner Romane wurden verfilmt, darunter „Der stille Amerikaner". In den 30er Jahren des 20. Jahrhunderts begann er, der sich früh von Joseph Conrad und Robert Louis Stevenson inspirieren ließ, seine Reiselust auszuleben. Greene, der auch als Geheimagent tätig und ein vehementer Kritiker des Kolonialismus war, wurde länger als jeder andere Autor von Weltruf als Anwärter auf den Literaturnobelpreis gehandelt, bekam ihn aber nie.

Benno Kroll (1929–2004), der Sohn eines Chinesen und einer deutschen Mutter fand über Umwege – Industriekarriere, Hippie-Phase – zum Journalismus, arbeitete unter anderem für stern und GEO und als Buchautor. Ausgezeichnet mit dem Egon-Erwin-Kisch-Preis.

Winfried Scharlau (1934–2004) war nach Studienjahren in Münster, Innsbruck und Oxford

ARD-Redakteur und Korrespondent. Als Kriegsreporter in Vietnam verließ er als einer der letzten westlichen Journalisten die umkämpfte südvietnamesische Hauptstadt Saigon mit dem Hubschrauber. Später war er unter anderem NDR-Chefredakteur, ARD-Korrespondent in Washington und sehr geschätzter „Weltspiegel"-Moderator.

Bernd Schiller (geb. 1943) hat als Reporter und Redakteur großer Magazine und Zeitungen alle Kontinente intensiv bereist. Mit besonderer Zuneigung widmet sich der Hamburger Journalist den Regionen zwischen Bombay und Bali. Er ist Autor zahlreicher Bücher, vor allem über Ziele in Asien. Vietnam kennt und liebt Bernd Schiller seit vielen Jahren.

Alexander Smoltczyk (geb. 1958) war nach dem Studium der Volkswirtschaft, Philosophie und Landwirtschaft Redakteur und Reporter unter anderem für die taz, GEO, Merian und ab 1996 Reporter beim SPIEGEL. Seit 2005 lebt er als Italien- und Vatikankorrespondent in Rom. Smoltczyk hat zahlreiche Journalistenpreise erhalten, darunter zweimal den Egon-Erwin-Kisch-Preis und 2007 den Henri-Nannen-Preis.

Tiziano Terzani (1938–2004), der italienische Journalist und Schriftsteller galt über Jahrzehnte als einer der renommiertesten europäischen Asien-Kenner. In Deutschland wurde er zunächst als SPIEGEL-Korrespondent populär, später aber auch durch seine Bücher, die von tiefer Zuneigung zu den Menschen und Religionen Asiens zeugen. 1975 war er einer der wenigen westlichen Reporter, die in Saigon blieben, als die nordvietnamesischen Kommunisten die Stadt übernahmen.

Georg Wegener (1865–1939), der Geograf und Professor an der Handelshochschule in Berlin unterbrach immer wieder seine akademische Tätigkeit, um in exotische Welten aufzubrechen, etwa auf die Karibischen Inseln, nach Indien, Indonesien, China und Indochina. Seinen „Erinnerungen eines Weltreisenden", 1920 erschienen, stellte er ein Goethe-Zitat aus dem „Faust" voran: „Ja, wäre nur ein Zaubermantel mein / Und trüg' er mich in fremde Länder! / Mir sollt' er um die köstlichen Gewänder, / Nicht feil um einen Königsmantel sein."

Weiterführende Literatur

Denise Chong, Das Mädchen hinter dem Foto, Hamburg, 2001

Duong Thu Huong, Roman ohne Namen, Zürich, 1997

Marguerite Duras, Der Liebhaber, Frankfurt, 1989

Roland Dusik, Vietnam, Bielefeld, 2008

Marc Frey, Geschichte des Vietnamkrieges, München, 1998

Graham Greene, Der stille Amerikaner, München, 2007

A. und M. Markand, Vietnam, Ostfildern, 2009

Martin H. Petrich, Vietnam, Ostfildern, 2009

Andrew X. Pham, Mond über den Reisfeldern, München, 2003

Pham Thi Hoia, Sonntagsmenü, Zürich, 2009

Peter Scholl-Latour, Der Tod im Reisfeld, München, 1992

Tiziano Terzani, Asien, mein Leben, München, 2008

Impressum

Bibliografische Information der Deutschen Bibliothek
Die Deutsche Bibliothek verzeichnet diese Publikation in der Deutschen Nationalbibliografie; detaillierte bibliografische Daten sind im Internet über http://dnb.ddb.de abrufbar.

ISBN 978-3-8319-0368-9

www.ellert-richter.de

Textauswahl:
Bernd Schiller, Hamburg
Redaktion:
Dinah Rieck,
Simone Winkens, Hamburg
Gestaltung:
Büro Brückner + Partner, Bremen
Gesamtherstellung:
Offizin Andersen Nexö
Leipzig GmbH, Zwenkau

Der Titel zeigt die Halong-Bucht im Golf von Tonkin im Norden Vietnams. Die Rechte des Bildes liegen bei der Bildagentur Huber/Gräfenhain.